Mark Salzman, ein junger Amerikaner, ging im Anschluß an sein Sinologie-Studium in Yale für zwei Jahre nach China, wo er an der Universität von Changsha in der Provinz Hunan Englisch unterrichtete und seinerseits vom größten Kampfsportler Chinas als erster und einziger Privatschüler akzeptiert wurde.

Von Mark Salzman ist außerdem erschienen:

Das lachende Sutra (Band 3244)

Dieses Buch wurde auf chlor- und säurefreiem Papier gedruckt.

Vollständige Taschenbuchausgabe April 1995
Dieses Taschenbuch ist bereits unter der Bandnummer 3084 erschienen.
Droemersche Verlagsanstalt Th. Knaur Nachf., München

Titel der Originalausgabe »Iron & Silk«

Originalverlag Random House, New York
Umschlaggestaltung und Foto Agentur ZERO, München
Druck und Bindung Ebner Ulm
Printed in Germany
ISBN 3-426-60409-4

2 4 5 3 1

MARK SALZMAN

Eisen und Seide

Begegnungen mit China

Aus dem Amerikanischen von
Irene Rummler

Knaur

Inhaltsverzeichnis

Ihr Tanz mit dem Schwert bewegte die Welt.
Die, die sie sahen, zahlreich wie Hügel,
versanken in Staunen.
Himmel und Erde begannen zu schwingen . . .
Geschwind wie der Bogenschütze, der die
neun Sonnen erjagt,
war sie: vollkommen, gleich einem Himmelsgott,
der dahinschwebt hinter einem Drachen-
gespann.

»Beim Betrachten einer Schülerin
der Dame Kung-sun,
wie sie mit dem Schwerte tanzt«

Gedicht von Tu Fu (712 – 70)

Abreise

Ankunft

Abreise

Aus irgendeinem Grund hatte ich in Kanton immer Pech. Im August 1984 wurde ich nach einem zweijährigen Aufenthalt in der Provinz Hunan bei meiner Ausreise aus China am Bahnhof von Kanton wegen meiner zwei Meter langen Ledertasche aufgehalten. Sie enthielt fünf Schwerter, vier Säbel und einen Stock, eine Hellebarde, zwei Teufelshaken, ein paar Messer und eine neunteilige Kettenpeitsche. Ich hatte Quittungen und Photos und einen Aktenordner voller Korrespondenz mit dem Ausländerbüro bei mir, die bewiesen, daß ich die Waffen allesamt als Geschenke von meinen Lehrern erhalten oder in hiesigen Geschäften gekauft hatte, daß es sich bei keiner um eine Antiquität handelte und daß ich der Schüler eines berühmten, in Hunan lebenden Kampfkünstlers war. Doch die Beamten ergriffen diese günstige Gelegenheit sofort beim Schopf, um ihr Lieblingsspiel zu spielen, nämlich »Vorschriften erfinden«.

»Diese Tasche ist zu lang. Du kannst sie nicht mit in den Zug nehmen. Das ist gegen die Vorschrift.« Nachdem wir diesen Gesichtspunkt eine Zeitlang erörtert hatten, wurde die Vorschrift schließlich fallengelassen. »Aber diese Waffen sind chinesische Kultgegenstände. Sie dürfen China nicht verlassen, das ist eine Vorschrift. Die Tasche kannst du freilich mitnehmen.«

Mit der Zeit gelangten wir dahin, daß die Waffen China möglicherweise verlassen durften, ich allerdings eine Sondergenehmigung von einer ganz bestimmten Behörde brauchte, die zu erhalten jedoch einige Zeit in Anspruch nehmen würde. Wie wäre es denn, wenn ich ein paar Tage in Kanton bleiben und dann mit den entsprechenden Unterlagen wiederkommen würde? Mein Flugzeug von Hongkong nach New York ging in zwei Tagen, ich durfte es auf gar keinen Fall verpassen. Während ich ein paar Runden um den Bahnhof drehte und über eine neue Strategie nachdachte, lief mir zufällig ein kantonesischer Polizist über den Weg, den ich vor einem Jahr kennengelernt hatte. Als ich ihm mein Problem schilderte, nahm er mich am Arm und begleitete mich wieder in den Bahnhof, wo er sich für mich ins Zeug legte. Über eine Stunde lang plauderte er mit den zuständigen Herren über dies und das, berührte gelegentlich auch die Frage meiner Tasche und ihres Inhalts und kam dann geschickt wieder auf andere Themen zu sprechen. Schließlich schlug er vor, ich solle doch an Ort und Stelle eine kleine Kostprobe meiner Kampfkunst geben – »Wär das nicht eine tolle Sache?« Er bat die Leute, die auf langen Holzbänken saßen und warteten,

Platz für eine Vorstellung zu machen, und half ihnen, die Bänke beiseite zu rücken. Nachdem ich mich ein paar Minuten aufgewärmt hatte, zog ich meine Schuhe aus und begann mit einer Form. Irgendwann mittendrin riß meine Hose hinten bis zum Gürtel auf. Eine Schar kichernder alter Frauen stürzte sich mit Nadel und Faden auf mich, gefolgt von ebenso vielen alten Männern mit unheilbaren Krankheiten, die davon überzeugt waren, daß ich im Rahmen meiner Kampfkunst-Ausbildung auch klassische Medizin studiert hatte, und nun die Beamten bestürmten, mich unverzüglich durchzulassen. Der Polizist half mir mit meinem Gepäck und leistete mir Gesellschaft, bis der Zug sich in Bewegung setzte. Dann wünschte er mir alles Gute, sprang ab und salutierte, als der Zug aus dem Bahnhof fuhr.

Ankunft

Wann genau mich der Lautsprecher aufweckte, weiß ich nicht, aber jedenfalls war es ziemlich früh, und das Lied, das gespielt wurde, hieß »Ohne die Kommunistische Partei gäbe es kein Neues China«. Ich drückte mein Kissen auf die Ohren, aber da klopfte mir ein Schaffner aufs Knie und erklärte mir, ich solle lieber schnell in den Speisewagen gehen, falls ich überhaupt frühstücken wolle. Wir hatten schon jetzt fünfunddreißig Grad, und die Temperatur stieg weiter. Ich taumelte zum Waschbecken, spritzte mir Wasser ins Gesicht, trank ein paar Schluck und bemerkte erst dann das Schild über dem Wasserhahn – KEIN TRINKWASSER. Ich ging in den Speisewagen und setzte mich zu meinen drei Freunden, Bob, Jean und Julian, die wie ich auf dem Weg ins südliche Zentralchina waren, um dort Englisch zu unterrichten. Ein Kellner riet uns zu einem westlichen Frühstück. Es kostete dreimal soviel wie das chinesische, doch da ich damit rechnete, daß dies für einige Zeit die letzte westliche Mahlzeit sein würde, bestellte ich es. Es entpuppte sich als Schinkensandwich, bestehend aus einer einsamen Scheibe Schinken zwischen zwei Scheiben trockenes Brot ohne Butter oder Mayonnaise, dazu ein Glas warme, gesüßte Milch aus Milchpulver. Ich hörte, wie ein Soldat der Volksbefreiungsarmee hinter mir seinem Freund zuraunte: »Schau dir diesen Ausländer an, wie kann man nur um sieben Uhr früh so was essen?« Nach wenigen Minuten kehrte der Kellner zurück und fragte, ob ich auch noch ein westliches Dessert wünschte. Ich verneinte, sagte aber, daß ich gerne das chinesische Frühstück probieren würde – eine Schüssel mit dampfenden Nudeln, gekrönt von einem Spiegelei. »Aber ja! Ein internationales Frühstück!« sagte er und verschwand im Küchenabteil. »Wie kann man nur so viel essen?« murmelte der Volksbefreier.

Am Tag zuvor hatten wir vier in Kanton ziemliche Schwierigkeiten gehabt. Als wir aus dem von Hongkong kommenden Zug stiegen, sprach uns ein Angestellter des Staatlichen Chinesischen Reisebüros an und behauptete hartnäckig, daß wir seiner Dienste bedürften, falls wir darauf hofften, unser Reiseziel in China zu erreichen. Das Staatliche Chinesische Reisebüro (CITS), Chinas einzige Reisegesellschaft, ist darauf spezialisiert, Ausländern allen möglichen Service aufzudrängen, ohne ihn allerdings anständig auszuführen, so daß Bedarf an weiteren Serviceleistungen entsteht. Wir »brauchten« einen Gepäckwagen, um unsere Sachen vom Zoll in den Wartesaal zu befördern; sobald wir ihn gemietet hatten, stellte sich heraus, daß er die

Parkzone im Zollbereich nicht verlassen durfte, also »mußten« wir für den restlichen Weg ein Taxi nehmen. Dann »mußten« wir die teuersten Schlafabteile im Zug buchen, da das angeblich die einzigen freien Plätze waren. Der CITS-Mensch geleitete uns in einen leeren Wartesaal, wo wir sitzen bleiben und das Gepäck bewachen sollten, während er sich um alles kümmern wollte. Meine drei Begleiter, die nicht zum ersten Mal in China waren, witterten Unrat und bestanden darauf, ihn zum Fahrkartenschalter zu begleiten. Da ich wenig Lust hatte, allein mit dem Gepäck in dieser erbärmlichen Umgebung hocken zu bleiben, bat ich Jean, mir Gesellschaft zu leisten.

Kurz nachdem Bob und Julian mit dem CITS-Menschen abgezogen waren, stolzierte eine erboste kleine Frau in blauer Uniform herein. »Wo sind eure Fahrkarten? Was fällt euch ein, hier zu sitzen?« Wir versuchten, ihr zu erklären, daß wir noch keine Fahrkarten hatten und daß uns ein Mann vom Staatlichen Reisebüro angewiesen hatte, hier zu warten, während er sie für uns besorgte. Aber sie ließ uns erst gar nicht ausreden. »Wo sind eure Fahrkarten? Ihr dürft nicht hier sitzen, wenn ihr keine Fahrkarten habt! Ich will sie sehen.« Nachdem sich dieses Spielchen ein paarmal wiederholt hatte, gaben Jean und ich ihr keine Antwort mehr, sondern blickten nur noch frustriert zu Boden. Die Frau lief krebsrot an, warf uns einen wütenden Blick zu und marschierte hinaus. Eine halbe Stunde später kam sie zurück und begann erneut mit ihrem Verhör. Im Laufe der folgenden dreieinhalb Stunden wiederholte sich diese Szene viermal, bis Bob und Julian endlich zurückkamen. Am Fahrkartenschalter hatte der CITS-Mensch sie davon zu überzeugen versucht, daß wir, da es keine Fahrkarten mehr für den Nachtzug gebe, die allerteuersten Fahrkarten für den Zug am morgigen Tag kaufen und die Nacht in einem Ausländerhotel in Kanton verbringen müßten. Letztendlich gelang es Bob und Julian doch, Fahrkarten für den Nachtzug zu bekommen, aber der CITS-Mensch rächte sich: Gerade als wir uns auf die Suche nach einem Restaurant machten, um etwas zu Abend zu essen, tauchte er mit einem Mitarbeiter des Amts für Öffentliche Sicherheit auf, der unsere Fahrkarten und Visa sehen wollte. Er warf einen kurzen Blick darauf und zeigte dann auf mich. »Du kannst gehen. Die drei anderen nicht.« Ich fragte, warum. »In deinem Visum steht, daß du in Changsha wohnen wirst. In den Visa der anderen steht, daß sie in Wuhan wohnen. Aber die Fahrkarten sind alle für Changsha ausgestellt. Die drei anderen dürfen nicht mit falschen Papieren in den Zug.« Wir versuchten, ihm zu erklären, daß wir alle für dieselbe Organisation arbeiteten, daß mir meine Freunde nur am Ankunftstag behilflich sein wollten, weil ich neu hier war, und daß sie am nächsten Tag nach Wuhan, der nächsten größeren Bahnstation auf dieser Linie, weiterfahren wollten.

»Das geht nicht. Das ist gegen die Vorschrift.«

Er nahm sie mit in sein Büro, während ich allein mit dem Gepäck im Wartesaal zurückblieb. Wieder tauchte die erzürnte Frau in der blauen Uniform auf und wollte meine Fahrkarte sehen. Ich zeigte sie ihr, aber sie wollte auch die Fahrkarten meiner Freunde sehen. »Die haben sie bei sich«, entgegnete ich.

»Dann mußt du ihr Gepäck hier rausschaffen«, herrschte sie mich an.

Fünf Minuten vor Abfahrt des Zuges stürzten Bob, Jean und Julian mit kleinen Erlaubniszetteln in den Wartesaal. Wir packten unsere Taschen und rannten auf den riesigen Bahnsteig, begleitet von der chinesischen Nationalhymne, die aus den Lautsprechern dröhnte. Ich sprang als erster in den Zug, öffnete ein Fenster und ließ mir das Gepäck von den anderen hereinwerfen. Sie stiegen ein, und der Zug setzte sich in Bewegung.

Nach dem Frühstück ertönten über Lautsprecher Fanfaren und die vor Bewegtheit zitternde Stimme einer Frau: »Genossen – wir sind angekommen! Changsha – eine Stadt mit einer langen und glorreichen Geschichte ...« Ich blickte aus dem Fenster und sah in einiger Entfernung einen Haufen Betonklötze. Neben den Gleisen her liefen mehrere Bauern mit einem ungeheuren Schwein, das an einer Schubkarre mit einem hölzernen Rad festgebunden war. Trotz der prallen Sonne und den fünfunddreißig Grad trugen sie dicke schwarze Baumwolljacken und Hosen, die über und über mit Flicken besetzt waren. Der Übergang vom Land in die Stadt erfolgte ganz abrupt. Gerade noch blickten wir auf Reisfelder, Gemüsepflanzungen und Fischteiche, und nur ein paar hundert Meter weiter hielt der Zug in der Millionenstadt Changsha, der Hauptstadt der Provinz Hunan.

Wir wuchteten unser Gepäck aus dem Fenster, da der Gang mit heraus- und hineindrängenden Leuten völlig verstopft war. Dann standen wir mit unserem Berg Gepäck in der sengenden Hitze, während uns immer mehr Bauern mit aufgerissenen Mündern dicht umringten. Sie wurden von drei finster aussehenden Männern in Mao-Anzügen barsch auseinandergetrieben, die auf uns zukamen in der Gewißheit, daß wir die erwarteten Ausländer waren. Dann nahmen sie eine Haltung und einen Gesichtsausdruck an, die ein herzliches Willkommen ausdrücken sollten. Nach ausgiebigem Händeschütteln stellten sie sich als Angehörige vom Ausländerbüro der Medizinischen Hochschule von Hunan vor: Genosse Hu, Genosse Lin und Kaderleiter Chen. Genosse Hu sprach Englisch und bestand darauf, Englisch zu sprechen, obwohl wir alle vier Chinesisch konnten, während die anderen zwei Männer ein breites Lächeln aufsetzten, nickten und gelegentlich »Ah, ha ha!« sagten. Genosse Hu runzelte konzentriert die Stirn und hielt eine Begrüßungsrede. »Wir sind für die Sicherheit und Bequemlichkeit ausländischer Gäste verantwortlich. Im Namen unserer Hochschule heißen wir euch herzlich willkommen. Und jetzt wollen wir gehen.«

Die drei Herren vom Ausländerbüro führten uns ins Bahnhofsgebäude und halfen uns, unser Gepäck über eine defekte Rolltreppe in die Bahnhofshalle hinunterzutragen; das war der gewaltigste leere Raum, den ich je gesehen habe. Der Bahnhof von Changsha war gegen Ende der Kulturrevolution für die Scharen von Pilgern gebaut worden, die Tag für Tag kamen, um den Geburtsort des Vorsitzenden Mao in der Nähe von Changsha zu besuchen. Bis der Bau jedoch fertiggestellt war, hatte das Interesse am Vorsitzenden nachgelassen, und da Changsha weder eine landschaftlich reizvolle noch eine wichtige Stadt ist, macht hier kaum noch jemand Station.

Vor dem Bahnhof wartete ein weißer Lieferwagen auf uns. Der Fahrer, ein übergewichtiger Chinese aus dem Norden, lief uns zur Begrüßung entgegen und schüttelte ausgiebig sämtliche Hände. Dann half er uns, das Gepäck einzuladen. Er ließ den Motor an, drückte mit der Handfläche lang und kräftig auf die Hupe, als müßte sie erst warmlaufen, gab Gas und schoß mitten in den dichten Verkehr hinein. Er riß den Wagen zur Seite und bremste abrupt, um anderen Verkehrsteilnehmern auszuweichen: Fußgängern, die ohne zu schauen auf die Straße rannten, Schwärmen von Radfahrern, die mitten auf der Straße fuhren, Lastwagen, Jeeps und riesigen Bussen, die sich in den Kurven zur Seite neigten, als würden sie von Verrückten gelenkt, langen Karren, die zum Teil drei Meter hoch mit Baumaterial, Möbeln oder Behältern mit menschlichen Exkrementen beladen waren und von zerlumpten Männern gezogen wurden, denen vor Anstrengung die Adern an Hals und Waden hervortraten. Während dieser nervenaufreibenden Fahrt schwieg weder unsere Hupe noch die irgendeines anderen Gefährts auf der Straße auch nur einen Augenblick, so daß sie im Grunde genommen allesamt nutzlos waren. Ich fragte den Genossen Hu, warum der Fahrer pausenlos hupte, und er antwortete, ohne eine Spur von Ironie in der Stimme: »Verkehrssicherheit.«

Kleine Läden säumten die Straßen, und ihre Türen standen alle weit offen, so daß ich im Vorbeifahren einen Blick auf Schreiner, Wollweber, Schlosser, Fahrradreparierer, Köche und Schneider werfen konnte. Sie alle arbeiteten in Räumen, die von einer einzigen nackten Glühbirne erhellt wurden, und benutzten Werkzeuge, die ich bisher ausschließlich in Antiquitätengeschäften oder Museen gesehen hatte. Vor den Geschäften saßen mehrere Generationen von Familien auf Bambusstühlen und Betten, die man auf den Bürgersteig gezogen hatte, fächelten sich Luft zu, hatten kleine Kinder auf dem Schoß, die auf die Straße pinkelten, und spielten Karten.

Alles zusammen wirkte etwas schockierend, doch

das Schockierendste war, wie schmutzig es überall war. Man hatte mir gesagt, China sei blitzsauber. Statt dessen wurden Abwaschwasser und Abfälle einfach aus dem Fenster gekippt, auf den Straßen lagen überall plattgewalzte Ratten so groß wie Eichhörnchen, alles war voller Schleim und Spukke, und der Staub und die Asche der Kohleherde, Öfen und Fabriken vermischte sich mit Schmutz und Regen zu einem unansehnlichen Graubraun, das die gesamte Stadt überzog. Durch die Straßen waberte der Gestank von Fäkalien, die man zwecks problemlosen Abtransports in flachen Trögen vor den Häusern sammelte. Schwer zu sagen, was schwerer zu ertragen war: dieser Gestank oder der unvorstellbare Lärm der Autohupen. Weit und breit sah ich niemanden, der lächelte oder rote Backen gehabt hätte, wie sämtliche Chinesen in der Zeitschrift *China Reconstructs*.

Bei der Hochschule angekommen, fuhren wir durch ein eisernes Tor in einen ummauerten Bezirk, innerhalb dessen es weitere Tore und Mauern und einige Gebäude gab. Diese Gebäude waren aus grauem Beton, und die wenigen roten Backsteinhäuser wurden fast alle gerade abgerissen oder mit Beton verkleidet, um »modern« auszusehen. Das ganze Hochschulgelände war mit losen Steinen, Hohlziegeln und grauem Schlamm verdreckt. Ich fragte den Genossen Hu, warum es nirgendwo Gras gab. »Gras zieht Moskitos an«, antwortete er. Der Lieferwagen hielt auf ein zweistöckiges Backsteinhaus zu, vor dem mehrere ältere Männer in maßgeschneiderten Mao-Jacken in lockerem Kreis standen und in Anbetracht der brüllenden Hitze nicht allzu glücklich dreinschauten. Sobald unser Wagen sich näherte, nahmen sie Haltung an, setzten ein Lächeln auf und streckten die Hände zum Schütteln aus, noch bevor das Auto zum Stehen gekommen war. Es folgte ein kompliziertes Vorstellungsdurcheinander, dem ich nichts weiter entnehmen konnte, als daß es sich hier um Männer handelte, die in der Hochschulverwaltung eine wichtige Rolle spielten und die allesamt davon überzeugt waren, daß sich die tiefe Freundschaft und das Verständnis, die bereits zwischen uns existierten, im Laufe der Zeit noch vertiefen würden. Während mir einer dieser Männer die Hände schüttelte, räusperte sich Genosse Lin plötzlich so heftig, als wolle er seinen ganzen Brustkasten reinigen, und spuckte einen Batzen Schleim an mir vorbei auf einen Stein in ein paar Metern Entfernung. Schon wollte ich in meiner Ratlosigkeit laut auflachen, aber da niemand auch nur mit der Wimper zuckte, ließ ich mir nichts anmerken. »Das chinesische und das amerikanische Volk blicken auf eine lange Geschichte gegenseitiger Freundschaft und kooperativer Zusammenarbeit zurück«, sagte der Wortführer. »Ich bin sicher, daß sich euer Aufenthalt bei uns für beide Seiten als lehrreich erweisen wird.«

Die Herren meinten, ich müsse von der Reise doch sicher müde sein, und verabschiedeten sich, auf

daß ich mich in meinem neuen Zuhause einrichten könnte. Genosse Hu führte mich ins Haus und zeigte mir mein Zimmer. Auf einem Stuhl saß eine kräftig aussehende Bauersfrau, etwa einsvierzig groß und Ende Fünfzig. Sobald sie mich erblickte, sprang sie auf, kam auf mich zu und begrüßte mich derart laut in ihrem Changsha-Dialekt, daß ich glaubte, ihre Stimme würde mich glatt umhauen.
»Das ist Genossin Yang«, informierte mich Genosse Hu. »Alle nennen sie Old Yang. Ihr Name bedeutet ›Schaf‹. Sie hält das Haus sauber und sorgt für abgekochtes Wasser. Wenn du irgend etwas brauchst, dann sag ihr Bescheid.«
Old Yang lachte scheppernd und lief hinaus, um meine Sachen zu holen. Das größte Gepäckstück, mein Cellokasten, reichte ihr bis zum Scheitel, doch sie bestand darauf, sich ihn auf den Rücken zu laden und ins Zimmer zu tragen.
Ich legte mich auf das Bett, ein Holzgestell mit einer Bambusmatte, und ließ mir von einem elektrischen Ventilator, den ich auf dem Bauch balancierte, Luft ins Gesicht blasen. Obwohl ich mich bis auf die Unterwäsche ausgezogen hatte, schwitzte ich kräftig, aber der Ventilator tat gut. Plötzlich hörte er auf, sich zu drehen. Ich stand auf und fummelte am Stecker herum, aber ohne Erfolg. Also zog ich etwas über und ging hinaus. Old Yang hängte gerade ihre Wäsche an Stricken auf, die sie zwischen dem Gitter vor meinem Fenster und der Betonmauer, die unser Haus umgab, gespannt hatte. (Wie man mir sagte,

hatte die Hochschule diese Mauer eigens für die amerikanischen Lehrer errichten lassen, um uns vor »üblen Elementen« zu schützen, die uns möglicherweise belästigen könnten. Doch wie sich herausstellte, schirmte sie uns leider auch von guten Elementen ab, etwa unseren chinesischen Studenten und Freunden, die nur ungern das auffällige Eisentor passierten, durch das man in unseren Bezirk gelangte.) Ich sagte Old Yang wegen dem Ventilator Bescheid, aber sie lachte nur. »Natürlich! Wir haben keinen Strom!« Ich fragte sie, wie oft das passierte. »Manchmal jeden Tag, manchmal jeden zweiten Tag, und manchmal haben wir tagelang gar keinen Stromausfall! Keine Sorge, es wird nicht lange dauern.« Dann fragte sie mich, ob ich Durst hätte, und als ich dies bejahte, trottete sie ins Haus und kam mit einem Glas kochendheißen Wassers zurück. »Willst du da Teeblätter hinein?« »Nein, danke.«

Punkt drei Uhr an diesem Nachmittag, als die *hsiu-hsi*, die chinesische Version der Mittagspause, zu Ende war, rief Genosse Hu meine Freunde und mich aus dem Haus. »Jetzt ist es Zeit, etwas zu unternehmen. Wir werden euch die landschaftlichen Schönheiten Changshas und die Sehenswürdigkeiten von revolutionärem Interesse zeigen.« Wieder stiegen wir in den Lieferwagen, in dem bereits ein paar Ärzte von der Hochschule saßen, und begaben uns auf eine zweite haarsträubende Fahrt durch die Innenstadt von Changsha. Wir fuhren auf den Yüeh-lu-Hügel hinauf und besuchten die Grabstätten von zig Helden der Revolution. Dann machten wir Station im Provinzmuseum von Hunan, in dem es spektakuläre Kultgegenstände und den zweitausend Jahre alten, einbalsamierten Leichnam einer Adeligen aus der Han-Dynastie zu besichtigen gibt, die man im nahe gelegenen Mawang tui ausgegraben hat. Während ich den Leichnam betrachtete, erklärte mir einer der Ärzte, daß er bei seiner Entdeckung völlig unversehrt gewesen sei. »Aber damals, während der sogenannten Kulturrevolution, waren von der Viererbande angeführte üble linke Elemente an der Macht; sie erklärten den Leichnam zu einem Überbleibsel des Feudalsystems, das zum Glück der Vergangenheit angehörte, und so ließ man ihn, nachdem man ihn ausgegraben hatte, in der Sonne liegen und verrotten und von Bauern und Arbeitern mit Steinen bewerfen. Ist das nicht schrecklich?« fragte er – und lächelte.

Zuletzt besichtigten wir die Grabstätte, in der die adelige Dame so viele Jahre lang gelegen hatte, bevor sie von den Bürgern des Neuen China entdeckt und endlich der Gerechtigkeit überantwortet worden war. Über einen kleinen Hügel gelangten wir zu einem riesigen Unterstand. Darunter befand sich ein tiefes Loch. »Das ist das Loch«, erklärte Genosse Hu. »Wenn du möchtest, kann ich dich davor photographieren, dann wirst du es nie vergessen.« Sobald wir wieder nach Hause kamen, merkte ich, daß ich schrecklichen Durchfall hatte; er sollte mich noch drei Wochen lang plagen. Beim Abendessen hatte ich keinen Appetit, zwang mich jedoch dazu, etwas Reis zu essen und ihn mit dem Wasser hinunterzuspülen, das Old Yang für den Nachmittag auf einem Tischchen bereitgestellt hatte, damit es auf Zimmertemperatur abkühlte. Kaum hatten wir unsere Mahlzeit beendet, da erschien Genosse Hu im Speisezimmer. »Und jetzt ist es Zeit für Unterhaltung. Wollt ihr mir bitte folgen?« Wieder holte uns der Lieferwagen ab und brachte uns zum Hunan-Theater, einem gewaltigen, sowjetisch anmutenden Bau an der Hauptstraße der Stadt, der Straße des 1. Mai. An diesem Abend trat eine Truppe aus Kongo mit Gesang und Tanz auf, um die Freundschaft zwischen China und Kongo zu vertiefen. In dem zum Bersten gefullten Theater war es unerträglich heiß und stickig, und es stank nach Schweiß. Während der ganzen Vorstellung schwätzte das Publikum, wanderte umher und machte einen solchen Lärm, daß die Musiker bei einem Stück für Maultrommel mittendrin aufgaben und die Bühne verließen. Die Vorstellung endete mit einem stürmischen Finale, bei dem ein hinreißender Schwarzer in einem mit glitzernden Steinen besetzten weißen Trikot, das bis zum Nabel aufgeknöpft war, auf Knien über die Bühne glitt, den Kopf weit in den Nacken warf und voller Hingabe »Afrika, ich liebe dich!« auf chinesisch sang. An dieser Stelle stürmten alle Afrikaner auf die Bühne, um mitzusingen, gefolgt von einer Gruppe ältlicher Funktionäre der Provinz Hunan, die ebenfalls in den Gesang einstimmten. Die Afrikaner in ihren farbenprächtigen, folkloristischen Kostümen klatschten und wiegten sich im Takt zu dem chinesischen Lied, das sie sangen – »Sozialismus ist gut« –, während die Kader, allesamt in identischen grauen Mao-Anzügen, unbeweglich vor ihnen standen.

Als das Lied zu Ende war, trat ein kleines chinesisches Mädchen mit rot angemalten Wangen auf die Bühne und überreichte dem Mann in dem weißen Elvis-Kostüm einen Blumenstrauß. Der Sänger hob sie hoch und gab ihr einen Kuß, worauf sie Angst bekam und sich zu befreien versuchte. Die Kader drehten sich zu den Sängern um und schüttelten ihnen die Hände. In diesem Augenblick fiel der Vorhang – direkt auf die Köpfe der Kader, so daß ihre Mao-Mützen quer über die Bühne rollten. Aus dem Publikum ertönten brüllendes Gelächter und tosender Applaus, und damit war die abendliche Unterhaltung beendet.

Ein Klavier

Lehrerin Wei

Hongkong-Fuß

Kurzsichtigkeit

Ein Klavier

Für China habe ich mich interessiert, seit ich dreizehn war. Damals hatte ich den Fernsehfilm *Kung Fu* gesehen und auf der Stelle den Entschluß gefaßt, daß innerer Friede und ein kahlrasierter Kopf das waren, was ich mir immer gewünscht hatte. Meine Eltern unterstützten dieses Interesse, indem sie mir alle möglichen Bücher über Kung Fu und chinesische Kunst kauften; sie meldeten mich sogar bei einer Kung-Fu-Schule an. Daß ich mir den Kopf kahl rasierte, erlaubten sie freilich nicht. Ich trainierte jeden Tag mehrere Stunden, versuchte Schmerzen zu überwinden, indem ich bei Schnee barfuß zur Schule ging, und ließ mich von meinem Kung-Fu-Lehrer abends auf dem Friedhof bewußtlos schlagen, um so vielleicht zu lernen, »gut zu sterben«. All das machte mir solchen Spaß, daß dieses Interesse auch während der Highschool wachblieb und sich dahingehend ausweitete, daß ich chinesische Malerei und Kalligraphie und schließlich auch die Sprache erlernen wollte.

Ich ging nach Yale und studierte im Hauptfach Chinesische Literatur. Als ich mein Studium beendet hatte, beherrschte ich Mandarin fließend und

Kantonesisch beinahe fließend, hatte mich durch ziemlich viel klassisches Chinesisch durchgearbeitet und die Werke eines modernen Dichters übersetzt. Seltsamerweise jedoch hatte ich keinerlei Verlangen, nach China zu fahren; ich verband damit die Vorstellung von einer gigantischen Strafkolonie, und außerdem bin ich noch nie gerne gereist. Da ich jedoch einen Job brauchte, bewarb ich mich bei der Yale-China-Gesellschaft und bekam prompt eine Stelle als Englischlehrer an der Medizinischen Hochschule von Hunan in Changsha vom August 1982 bis zum Juli 1984.

Die Hochschule übertrug mir drei Kurse: sechsundzwanzig Ärzte und Dozenten für Medizin, vier Männer und eine Frau, die allgemein als »die mittelalterlichen Englischlehrer« bezeichnet wurden, und fünfundzwanzig Medizinstudenten im Alter zwischen zweiundzwanzig und achtundzwanzig Jahren.

Als ersten Kurs hatte ich die Ärzte, die, sobald ich den Unterrichtsraum betrat, aufstanden und Beifall klatschten und so lange stehen blieben, bis der Sprecher des Kurses ein vorbereitetes Statement gelesen hatte, in dem ich willkommen geheißen und gepriesen wurde. Ihre Englischkompetenz reichte von nahezu fließend bis beinahe hoffnungslos. Am Ende der ersten Unterrichtswoche verlas der Kurssprecher die Zusammenfassung ihrer »Vorschläge für einen besseren Unterricht«:

»Lieber Lehrer Mark. Du bist ein lebhafter Junge!

Deine Stunden sind voller Heiterkeit und wirklich wunderbar. Um unseren Kurs zu verbessern, möchten wir vorschlagen, daß wir in Zukunft erstens mehr Zeit auf das Lesen verwenden, zweitens mehr Zeit auf das Zuhören verwenden, drittens mehr Zeit auf das Schreiben verwenden und viertens mehr Zeit auf das Sprechen verwenden. Auch haben einige Studenten den Eindruck, daß du zu schnell im Lehrbuch vorangehst. Ein paar Studenten allerdings bitten darum, daß du etwas schneller vorangehst, da der Stoff zu elementar ist. Wir hoffen, daß wir es gemeinsam schaffen werden, diese Widersprüche zu überwinden! Wir danken dir, verehrter Lehrer.«

Als nächstes wurde ich den Medizinstudenten vorgestellt, die ich nur einmal in der Woche unterrichtete, nämlich am Dienstagabend. Sie waren ganz außer sich vor Aufregung über einen ausländischen Lehrer; als ich den Unterrichtsraum zum erstenmal betrat, rührten sie sich nicht und wagten kaum zu atmen, und keiner getraute sich, mich anzusehen. Der Kurssprecher schrie: »Aufstehen!«, und sie erhoben sich derart steif und formell, daß ich nicht wußte, wie ich reagieren sollte. Schließlich salutierte ich feierlich und brüllte auf chinesisch »Hinsetzen!« Sie waren ganz perplex, brachen dann aber in Gelächter aus, hoben anerkennend den rechten Daumen und redeten alle gleichzeitig auf chinesisch auf mich ein. Damit war der Bann gebrochen, und als sie sich wieder beruhigt hatten, forderte ich sie auf, sich auf englisch vorzustellen. Anfangs kicherten sie und flüsterten miteinander, dann ließen sie nach und nach die Köpfe sinken, wurden bleich und verstummten.

Als ich an diesem Abend nach Hause kam, hing an meiner Tür eine Nachricht von Lehrerin Wu, einer ranghohen Angehörigen des Fachbereichs Englisch, in der sie mich bat, sie am folgenden Morgen in ihrem Zimmer aufzusuchen. Mit ungutem Gefühl ging ich zu Bett und überlegte, was ich während der vergangenen Woche Falsches getan oder gesagt haben mochte, für das ich bestraft oder gerügt werden würde.

Die Zimmer der Dozenten und die Unterrichtsräume der Abteilung Fremdsprachen befanden sich im zweiten Stock eines dreigeschossigen Gebäudes. Der erste Stock beherbergte Leichen für die Anatomische Abteilung, und im dritten Stock war die Abteilung für Politische und Moralische Erziehung untergebracht. Die Studenten witzelten darüber, daß man nur schwerlich feststellen könnte, wer in diesem Gebäude tiefer schlief – die Leichen oder die Studenten im dritten Stock. Tastend stieg ich die unbeleuchtete Treppe hinauf. Lehrerin Wu saß in ihrem Zimmer, umgeben von Papierstößen, bei denen es sich, wie sich bald herausstellte, um Entwürfe für einen Kreditantrag bei der Weltbank handelte, den sie ins Englische übersetzen sollte. Sie deutete auf einen Stuhl neben sich und fragte mich, ob ich die Übersetzung mit ihr zusammen durchgehen und überprüfen würde. Sie gab mir zwei Stapel Papier: die chinesische Version und eine Kopie ihrer Übersetzung – alles von Hand geschrieben, da es an der Hochschule nur einen Kopierapparat gab und die einzige Person, die ihn bedienen durfte, in Urlaub war.

Lehrerin Wu war knapp siebzig Jahre alt, klein und dicklich, und hatte geschwollene Augenlider und Tränensäcke, die ihr ein müdes Aussehen verliehen. Ich hatte gehört, daß sie und ihr Mann in den vierziger Jahren an einer amerikanischen Universität studiert und promoviert hatten. Anschließend waren sie nach China zurückgekehrt, entschlossen, ihrem Land ohne Rücksicht auf den Ausgang des Bürgerkrieges zu dienen. Wie die meisten Chinesen mit intellektuellem Hintergrund hatten sie trotz ihres Patriotismus zu leiden. Lehrerin Wus Mann geriet während der Kampagne gegen Rechtsabweichler in den späten fünfziger Jahren in die Schußlinie; um seine Familie zu schützen, bat er den Staat für seine »Verbrechen gegen den Sozialismus« um Verzeihung und nahm sich anschließend das Leben. Während der Kulturrevolution dann traf es Lehrerin Wu; sie mußte nicht nur ihre eigene öffentliche Bloßstellung und Demütigung erdulden, sondern auch die ihres Sohnes, der für fast ein Jahrzehnt zur Landarbeit »verurteilt« wurde.

Ich setzte mich neben sie und begann die englische Fassung des Textes durchzusehen:

III. Ziele

1. Der von der Weltbank gewährte Kredit soll dazu verwendet werden, die allgemeine Unterrichtsqualität an der Medizinischen Hochschule von Hunan zu verbessern, um die Verwirklichung ihrer Ziele, die in der Realisierung der Vier Modernisierungen bis zum Jahr 2000 besteht, zu ermöglichen. [Die von Tschou En-lai formulierten konkreten Zielsetzungen der »Vier Modernisierungen« bestehen darin, China »noch in diesem Jahrhundert zu einem sozialistischen Land mit moderner Landwirtschaft, Industrie, Landesverteidigung sowie Wissenschaft und Technik« aufzubauen.]
2. Diese Gelder sollen zur Erweiterung unseres Unterrichtsangebotes hier an der Medizinischen Hochschule von Hunan im Bereich Erziehung und Gesundheit verwendet werden, auf daß wir unserem Vaterland besser dienen können.
3. Mit dem Ankauf von neuem Unterrichtsmaterial und neuer Laborausrüstung könnten wir die allgemeine Ausbildungsqualität an der Medizinischen Hochschule von Hunan verbessern.

IV. Schlußfolgerungen

1. Die Anschaffung neuer und unverzichtbarer Geräte, zum Beispiel Mikroskope, Kopfhörer, Spektrographen etc., stellt einen notwendigen Schritt zur Verwirklichung des Ziels dar, die Vier Modernisierungen gemäß den Direktiven der Partei, wie sie

in der Neuen Konstitution des Zwölften Parteikongresses der Chinesischen Kommunistischen Partei festgesetzt wurden, bis zum Jahr 2000 durchzuführen.

Und so weiter.

Ich sah Lehrerin Wu an, wußte aber nicht, was ich sagen sollte. War es möglich, daß sie das wirklich für einen adäquat formulierten Antrag bei einem internationalen Kreditinstitut hielt? Ich konnte nicht umhin, ihr diese Frage zu stellen. Sie blickte nicht von ihrer Arbeit auf. »Hm. Stimmt was nicht mit der Grammatik?« Nein, sagte ich, die Grammatik sei ganz in Ordnung, aber der Inhalt erschiene mir doch etwas dürftig. Sie verzog keine Miene. »Aber das hier ist die Übersetzung des Textes, den die maßgeblichen Leute unserer Hochschule verfaßt haben. Das ist die chinesische Art und Weise, solche Dinge zu formulieren. Ich bin nichts weiter als eine Englischlehrerin und kann mir nicht anmaßen, etwas daran zu ändern.« Ich versuchte, ihr zu erklären, daß eine solche Sprache für chinesische Begriffe zwar durchaus akzeptabel sein mochte, für westliche Vorstellungen jedoch zu viele Wiederholungen enthielt, und da man es nun einmal mit einer nach westlichen Grundsätzen geführten Institution zu tun habe, solle man den Antrag vielleicht in etwas westlicherer Manier abfassen: Sie seufzte, den Blick immer noch von mir abgewendet, und blieb stumm. Ich hatte den Eindruck, daß sie im stillen hoffte, ich würde nicht weiter in sie dringen, also ließ ich es dabei bewenden und wies sie auf einen orthographischen Fehler hin.

Nachdem wir rund eine Stunde lang Schreibfehler korrigiert hatten, legten wir eine Teepause ein. »Hast du die mittelalterlichen Englischlehrer schon kennengelernt?« fragte sie. Ich verneinte. »Hm. Das ist eine ganz besondere Gruppe. Ursprünglich waren sie Russischlehrer, aber aufgrund bestimmter politischer Umstände wurden sie dann eben Englischlehrer.« Sie machte eine Pause, um mir Tee nachzugießen, schloß kurz die Augen und fuhr dann fort: »Wie du sicher weißt, wurde während der Kulturrevolution das gesamte Ausbildungswesen lahmgelegt. Darüber mehr zu sagen erübrigt sich. Jedenfalls halten wir jetzt alle wieder unseren Unterricht. Die mittelalterlichen Englischlehrer sind Opfer der Viererbande; sie bilden sich ein, sie seien inzwischen zu alt, um noch dazuzulernen. Kann sein, daß es dir schwerfallen wird, sie zum Arbeiten zu bringen« – sie lachte –, »aber dafür haben sie jede Menge Humor. Ich bin sicher, sie werden dir gefallen.«

Wir saßen bis zur Mittagspause über dem Antrag. Dann schlug sie vor, zu ihr nach Hause zu gehen, da sich ihre Wohnung ganz in der Nähe meiner Unterkunft befand. Als wir ihr Haus erreichten, sagte sie: »Übrigens habe ich gehört, daß du ein Cello mitgebracht hast. Was hältst du davon, heute abend zu mir zu kommen und es mitzubringen? Ich habe früher selbst viel Musik gemacht, ich würde es so gerne hören.«

Nach dem Abendessen schleppte ich mein Cello zu ihr hinüber. Das war das erste Mal, daß ich das Zuhause eines Chinesen betrat. Sie wohnte in einem winzigen Appartement, das sie sich mit »Tante Tan« teilte, einer alten Frau, die vom Land kam und ihr beim Einkaufen, Kochen und Putzen behilflich war. Die Wohnung hatte Betonwände, die bis auf einen Kalender und ein paar Photographien kahl waren, und einen blanken Zementfußboden; in jedem Zimmer hing eine nackte Glühbirne, die Möblierung war spärlich – mit einer Ausnahme: An einer Wand stand ein Klavier.

Ich fragte sie, wie sie es geschafft hatte, an ein Klavier zu kommen, und sie erzählte, daß sie schon als Kind Klavier gespielt und auch noch Unterricht genommen hatte, solange sie in Amerika lebte. Sie hatte das Klavier dort gekauft und es mitgenommen, als sie mit ihrem Mann nach China zurückkehrte. »Seitdem hatte ich nicht viel Zeit zum Üben, aber inzwischen nutze ich jede freie Minute zum Spielen.« Sie klappte den Deckel auf, setzte sich und begann zu spielen.

Das Klavier war in üblem Zustand. Viele Töne sprachen gar nicht an, und die, die kamen, waren so verstimmt, daß ich mir fast wünschte, sie wären ausgeblieben. Sie forderte mich auf, ein Duo mit ihr zu spielen, aber wir mußten bald aufgeben. Nach einiger Zeit seufzte sie und sagte leise: »Eines

Abends kamen die Rotgardisten. Sie schleppten alles, was wir hatten, aus dem Haus und verbrannten es. Das Klavier wollten sie auch mitnehmen, aber« – und an dieser Stelle lächelte sie mit gesenktem Kopf – »es war zu schwer. Sie konnten es nicht aus dem Fenster werfen! Also haben sie nur darauf herumgeschlagen und sind dann verschwunden. Seitdem ist es mir nicht gelungen, jemanden zu finden, der es richten könnte.« Ich versicherte ihr, daß ich nur zu gerne helfen würde, daß ich aber, obwohl meine Mutter Klavier gespielt hatte, weder vom Stimmen noch vom Reparieren eine Ahnung hatte.

»Deine Mutter ist also Pianistin?«

»Sie war Pianistin. Jetzt spielt sie Cembalo.«

»Hm. Dann weißt du also, wie ein Klavier klingen muß. Als Kind hast du es doch jeden Tag gehört, oder?«

»Ja.«

»Hm.«

Am folgenden Tag machte ich die Bekanntschaft der mittelalterlichen Englischlehrer. Sie hatten mit bunten Kreiden ein Kunstwerk an die Tafel gemalt: Es bestand aus den Worten »Willkommen, Lehrer Mark!«, umringt von diversen Tieren, Noten und chinesischen Schriftzeichen. Außerdem hatten sie auf meinem Pult Süßigkeiten aufgebaut, dazu eine Tasse Tee und eine Thermoskanne mit heißem Wasser. Sobald ich hereinkam, standen sie auf und traten vor, um mir die Hand zu schütteln – alle außer Lehrerin Du, der einzigen Frau in der Gruppe, die die Hand auf den Mund legte und scheu lächelte. Da sie alle schon von amerikanischen Lehrern unterrichtet worden waren, waren sie weniger befangen als meine anderen Studenten. Ich stellte mich vor und erzählte einiges über meine Familie und meine Freunde. Auf lustige Episoden reagierten sie mit schallendem Gelächter. Sie unterbrachen mich sogar einige Male, um mir Fragen zu stellen oder mir Übertreibung vorzuwerfen, was ich nach einer Woche steifer Formalität als enorme Erleichterung empfand.

Ich bat sie, sich nun selbst vorzustellen, aber sie zogen es vor, mich mit ihren jeweiligen Nachbarn bekannt zu machen.

Lehrer Xu machte den Anfang: »Lehrer Cai war als junger Mann ein großartiger Tänzer. An unserer Hochschule ist er berühmt, weil er eine wunderschöne Frau hat.«

Lehrer Cai stieß Lehrer Xu in die Seite und sagte: »Lehrer Xu kommt immer zu spät zum Unterricht, und er hat Angst vor seiner Frau!«

»Habe ich nicht!«

»O doch, hast du schon!«

Lehrer Zhang zeigt auf Lehrer Zhu. »Lehrer Zhu war bei der Marine. Aber schwimmen kann er nicht! Und Lehrerin Du ist ziemlich fett. Also nennen wir sie Fatty Du. Sie hat die kräftigste Stimme an der ganzen Hochschule!«

Fatty Du strahlte vor Stolz und sagte: »Und Lehrer Zhangs besonderes Charakteristikum besteht darin, daß er vor mir Angst hat!«
»Habe ich nicht!«
»O doch, hast du schon!«
Wie Lehrerin Wu vorausgesagt hatte, mochte ich diese fünf sehr gern; doch als ich ihnen für die nächste Stunde Lektüre und einen kurzen Aufsatz aufgab, wurden sie still und schauten weniger fröhlich drein als zuvor.

Eine Woche später erschien Lehrerin Wu frühmorgens an meiner Tür. »Ich habe da etwas ...«, keuchte sie aufgeregt und zog etwas aus ihrer Tasche, was wie ein verbogener Schraubenzieher aussah. »Ich habe erfahren, daß ein Orchester ein Gastspiel in Changsha gibt, also bin ich hingegangen und habe mit den Leuten geredet. Der Pianist hatte so ein Ding – es ist ein Stimmschlüssel. Er sagte, ich kann ihn bis heute abend haben. Kannst du es versuchen?«
»Was versuchen?«
»Stimmen. Das Klavier zu stimmen!«
»Aber ich habe keine Ahnung, wie das geht.«
»Versuch es!«

Ich bat sie, die Wohnung zu verlassen, während ich mein Glück versuchte, weil mich ihre Anwesenheit nur noch nervöser gemacht hätte. Sie stellte eine Thermoskanne mit Tee bereit und versprach mir ein gutes Abendessen. »Und wenn du irgend etwas brauchst, sag einfach Tante Tan Bescheid. Sie ist in der Küche.« Tante Tan schenkte mir ein zahnloses Lächeln und nickte, und ich lächelte zurück.

Nachdem Lehrerin Wu gegangen war, machte ich mich daran, das Klavier auseinanderzunehmen. Als ich eines der Bretter abnahm, die den Pedalmechanismus abdecken, ertönte lautes Gequietsche und hektisches Scharren. Ich wich einen Schritt zurück. Da schossen drei fette Ratten aus dem Klavier, flitzten im Zimmer herum und verschwanden in einem Abflußrohr.

Mit Hilfe von Sandpapier und einer Zange gelang es mir, alle Hämmer zu lockern. Die Pedale reparierte ich, indem ich das abgebrochene Gestänge durch mehrere Holzlatten ersetzte, die ich mit Schrauben und Muttern verband. Um das Instrument zu stimmen, dämpfte ich jeweils zwei Seiten eines Tons mit Daumen und Zeigefinger ab, zog die dritte entsprechend an und stimmte nach dieser die anderen zwei. Da ich kein absolutes Gehör habe, stimmte ich das mittlere C nach einer Michael-Jackson-Kassette in meinem Walkman.

Knapp vor dem Abendessen wurde ich fertig. Ich war furchtbar aufgeregt und ging in die Küche, um Tante Tan meinen Erfolg zu vermelden, stellte aber fest, daß sie sich die Ohren mit Watte verstopft und ein dickes Handtuch um den Kopf gebunden hatte und anscheinend ein Nickerchen hielt. Wenig später kam Lehrerin Wu zurück, ging jedoch noch

nicht ans Klavier. »Erst wollen wir essen«, meinte sie.
Wir hatten ein köstliches Mahl aus geräucherten Eiern, Nudeln in Brühe mit Schweinefleischstreifchen und einem ganzen Huhn – ein echter Luxus in China, der besonderen Gelegenheiten vorbehalten ist – in dicker gelber Sauce. Anschließend tranken wir Tee und schleckten Eis am Stiel, das Tante Tan bei einem Straßenhändler gekauft hatte. Dann endlich setzte sich die Lehrerin Wu ans Klavier, holte mehrere Notenhefte hervor und begann zu spielen. Sie spielte ein paar Stücke, spielte sie hinreißend, jedoch ohne ein Wort zu sagen. Schließlich beendete sie das Spiel, sah mich unverwandt an und sagte auf chinesisch: »Ich danke dir herzlich.« Ich stand auf und sagte, es sei mir ein Vergnügen gewesen, aber ich hätte noch zu arbeiten und müsse jetzt nach Hause gehen. Damit begann das Ritual der Verabschiedung eines Gastes, das darin besteht, ihn zum Bleiben zu bewegen, ihm Tee und Süßigkeiten anzubieten und ihn schließlich einen Teil des Wegs nach Hause zu begleiten. Diesmal ging sie mit mir bis zu meiner Tür. Als sie sich zum Gehen wandte, sagte sie: »Berichte das in deinem nächsten Brief deiner Mutter. Erzähle ihr, daß du einer alten Dame in China ein Klavier repariert hast.« Damit ging sie nach Hause.

Lehrerin Wei

Das Busfahren in Changsha mochte ich gar nicht, da die Busse immer entsetzlich vollgestopft waren, so daß Fahrgäste gelegentlich halb zu Türen und Fenstern heraushingen. Einmal fuhr ich mit einem Bus, der an einer besonders belebten Straßenkreuzung hielt. Die Frauen hoben ihre Kinder hoch über die Köpfe, damit sie in dem Gedränge nicht erdrückt würden; ich sah einen Mann, der sich verzweifelt an etwas im Innern des Busses festzuhalten suchte, während der Großteil seines Körpers noch draußen war. Die Schaffnerin schrie ihm zu, er solle loslassen, und da er nicht hören wollte, drückte sie auf den Knopf, der die Türen betätigte, so daß sie zuschlugen und ihn so einklemmten, daß sich eine Hälfte drinnen und die andere draußen befand. Der Bus fuhr weiter bis zur nächsten Haltestelle, wo die Türen aufgingen und den Mann freigaben. Fröhlich bezahlte er der Schaffnerin die Hälfte des Fahrpreises und ging seiner Wege.

Um Busfahrten zu vermeiden, beschloß ich, dem Beispiel der drei Yale-China-Lehrer in Changsha, Bill, Bob und Marcy, zu folgen und mir ein Fahrrad zu kaufen. Als Ausländer war es mir gestattet, mir das gewünschte Modell auszusuchen, es mit Devisenwechselgeld zu bezahlen und auf der Stelle mit nach Hause zu nehmen. Ich schob es aus dem Geschäft, eskortiert vom Großteil der Angestellten, stieg auf und radelte mit einem derart schlechten Gewissen davon, als wäre ich zu einem Autohändler gegangen, hätte einen Porsche gekauft und bar bezahlt und wäre damit geradewegs durch die riesige Glasscheibe des Ausstellungsraums auf die Straße gefahren.

Als ich nach Hause kam, war ich vom Straßenstaub ziemlich verklebt und ging nach oben, um ein Bad zu nehmen. Da es Ausländern nicht gestattet ist, in einem öffentlichen Badehaus zu duschen, gab es in unserem Haus im zweiten Stock eine eigene Badewanne, über der an der Wand ein elektrischer Boiler hing. Das heiße Wasser schoß aus dem Tank, der sich in Kopfhöhe befand, durch ein Eisenrohr in die Wanne. Als ich zum erstenmal badete, dachte ich nicht daran, daß das Eisenrohr natürlich ein guter Hitzeleiter war, und lehnte mich beim Abtrocknen mit dem Rücken dagegen. Sobald ich den Schmerz verspürte, suchte ich am nächstbesten Gegenstand Halt – es war das Elektrokabel, das zum Boiler führte und über der Badewanne quer durch den Raum verlief. Im selben Augenblick fiel mir das Gebot meiner Eltern ein, nie Drähte oder elektrische Apparaturen zu berühren, wenn man in einer Badewanne steht. Von Panik ergriffen, ließ ich los, verlor das Gleichgewicht und fiel wieder gegen das heiße Rohr. Im Anschluß an diese Geschichte gewöhnte ich mir an, mich in meinem Zimmer abzutrocknen.

Als ich diesmal mit einem Handtuch um die Hüften die Treppe hinunterlief, wurde ich in meinem Zimmer von Lehrerin Wu und einer weißhaarigen Dame empfangen, die etwa ebenso alt sein mochte wie Lehrerin Wu, aber auffallend schlank war und einen ausgesprochen intensiven Blick hatte. Lehrerin Wu, die gar nicht zu bemerken schien, daß ich halbnackt und tropfnaß war, stellte uns vor.

»Mark, das ist meine Kollegin, Lehrerin Wei. Die Hochschule hat sie dir als Tutorin zugewiesen, falls du mit deinen chinesischen Studien fortfahren möchtest. Da du über ein Grundwissen in klassischem Chinesisch verfügst, hat sie sich erboten, dir Unterricht zu geben; sie hat an der hiesigen Mittelschule viele Jahre lang klassisches Chinesisch unterrichtet. Sie ist eine sehr gute Lehrerin.«

Lehrerin Wei schüttelte den Kopf und sagte: »Nein, nein. Ich bin eine schlechte Lehrerin.« Dabei grinste sie. Lehrerin Wu wollte auf der Stelle einen Stundenplan vereinbaren, aber Lehrerin Wei schob sie aus dem Zimmer. »Er ist ganz naß. Ich werde ein andermal wiederkommen.« Dann wandte sie sich an mich. »Ich komme morgen und bringe die Bücher mit, die du brauchst.«

Nachdem sie gegangen waren, fiel mir ein, daß ich Lehrerin Wei bereits begegnet war, und zwar bei einer Begrüßungsfeier am Tag nach meiner Ankunft. Einer der mittelalterlichen Lehrer hatte mich beiseite genommen und gesagt: »Lehrerin Wei ist Witwe und steht in dem Ruf, der strengste Lehrer an der ganzen Hochschule zu sein. Es wird behauptet, daß sie nie lächelt und noch nie laut gelacht hat!«

Es blieb mir nicht viel Zeit, mir darüber Gedanken zu machen, wie ich mit der unlustigen Lehrerin Wei zurechtkommen würde, denn ich hatte am selben Abend eine Vorlesung zu halten, auf die ich mich noch vorbereiten mußte. Meine Vorgänger an der Hochschule hatten eine jeweils am Mittwochabend stattfindende Vorlesungsreihe über »Westliche Kultur« ins Leben gerufen, die im größten Hörsaal stattfand und für jedermann zugänglich war, der Englisch lernen wollte. Da praktisch jedermann an der Hochschule daran interessiert war, Englisch zu lernen, hatten wir meistens drei- bis fünfhundert Zuhörer. Die bisherigen Themen reichten von »Medizinische Ausbildung in Amerika« bis hin zu »Das amerikanische Rechtssystem«, wobei jede der eineinhalbstündigen Vorlesungen zweimal gehalten wurde, einmal für die Ärzte und Lehrer und einmal für die Studenten. Ich sollte meine erste Vorlesung an diesem Abend vor den Ärzten und Lehrern halten; mein Thema hieß *E. T.*

Zuallererst notierte ich mir aus dem Gedächtnis die Handlung des Films. Dann überlegte ich, welche Vokabeln ich erklären müßte – etwa »Raumschiff«,

»Außerirdischer«, »Aua« und »nach Hause telefonieren«. Für jede Figur legte ich mir einen anderen Gesichtsausdruck, eine eigene Gangart und Stimme zu, um meinen Zuhörern die Unterscheidung zu erleichtern; außerdem beschloß ich, zwischen reiner Erzählung und gespielten Szenen abzuwechseln. Ich befürchtete, meine Zuhörer würden diese Art des Erzählens vielleicht nicht schätzen und sie für kindisch oder uninteressant halten, aber dieser Sorge wurde ich bald enthoben. Als ich E. T. vorstellte, indem ich mit einem Satz auf das lange Pult sprang und mit bis ans Kinn hochgezogenen Knien und über die Tischplatte schleifenden Händen ans andere Ende hüpfte, erhoben sich die Zuhörer und klatschten Beifall.

Am nächsten Tag stellte sich Lehrerin Wei pünktlich nach der *hsiu-hsi* mit einer Stofftasche und ihrem Brillenetui ein. Sie trat in mein Zimmer, setzte sich hin und nahm die angebotene Tasse Tee; dann setzte sie ihre Brille auf und zog ein Buch aus ihrer Tasche.

»Wir beginnen mit dieser Sammlung klassischer Essays für die chinesische Oberstufe.« Damit reichte sie mir das Buch und holte für sich ein zweites Exemplar aus der Tasche, das mit Bleistiftnotizen vollgekritzelt und aufgrund ihrer Gewohnheit, die Zeilen beim Lesen mit dem Finger nachzufahren, schon ganz fleckig war.

»Wir wollen mit einem Essay von Tao Qian anfangen. Du kennst ihn doch, oder? Dann weißt du

natürlich auch, daß er vor fast fünfhundert Jahren gelebt hat und ein Einsiedler und ein berühmter Trinker gewesen ist. Die meisten großen chinesischen Schriftsteller waren Trinker und Träumer.«
Sie hielt inne, nahm ihre Brille ab und betrachtete mich eingehend.
»Ich habe gestern abend deine Vorlesung über *E. T.* gesehen. Du bist ein ganz schlimmer Junge!« Sie förderte aus ihrer Tasche ein kleines Medizinfläschchen zutage und hielt es mir hin. Als ich es öffnete, stellte ich fest, daß es eine Portion *pai-chiu* enthielt – chinesischen Reiswein.
»Weil wir die Werke von Trinkern und Träumern lesen werden und weil du selbst ganz offensichtlich ein Exzentriker bist, halte ich es nur für angemessen, daß du ihre Essays in dieser Form erlebst. Von jetzt an bringe ich jedesmal, wenn ich komme, eine kleine Flasche *pai-chiu* mit. Du trinkst sie aus, und dann beginnt der Unterricht.«
Ich dachte, sie wollte mich auf den Arm nehmen, also lachte ich, aber das mit dem Trinken meinte sie ernst. Wieder griff sie in ihre Tasche und zog diesmal eine Schachtel mit gerösteten Erdnüssen heraus, die noch warm waren.
»Natürlich mußt du etwas dazu essen. Ich habe ein paar Erdnüsse mitgebracht. Bevor du den Wein nicht ausgetrunken hast, gibt es keinen Unterricht.«
Ich trank den *pai-chiu* aus und aß die Erdnüsse, und sie nickte zufrieden. Dann setzte sie die Brille wieder auf und begann mit dem Unterricht.

Kurze Zeit nach unserer ersten Stunde ging Lehrerin Wei zufällig an unserem Haus vorbei, während ich draußen *wu-shu* trainierte. *Wu-shu* ist das chinesische Wort für Kampfkunst und bezieht sich auf die Hunderte von verschiedenen Schulen des bewaffneten und unbewaffneten Kampfsports, der in China seit mehr als zweitausend Jahren praktiziert wird. Diese Schulen reichen vom langsamen, graziösen *t'ai-chi-ch'uan* bis zu den extrem harten nördlichen und südlichen Schulen des Shaolin-Boxens. In der westlichen Welt wird die chinesische Kampfkunst als Kung Fu bezeichnet, doch eigentlich bedeutet *gong fu* soviel wie ein Können, das über oberflächliche Schönheit hinausreicht. Ein Kampfkünstler, dessen Technik optisch eindrucksvoll, aber ohne Kraft ist, »hat kein *gong fu*«, während beispielsweise ein Kalligraph, dessen Arbeit nicht unbedingt gefällig ist, dafür aber einen strengen, herben Geschmack verrät, durchaus *gong fu* hat.

Lehrerin Wei kam näher und fragte, was ich da machte. Als ich ihr sagte, daß ich mich schon seit langem für *wu-shu* interessierte, nickte sie beifällig. »Im klassischen Chinesisch gibt es ein Sprichwort, das besagt, daß ein echter Gentleman in der Literatur und der Kampfkunst gleichermaßen versiert sein muß. *Wu-shu* ist ein hervorragender Sport. Hast du hier schon einen Lehrer gefunden?«

Allein dieser Gedanke versetzte mich in Aufregung. Ich erklärte ihr, daß ich nur zu gerne einen Lehrer finden würde, jedoch keine Ahnung hätte, wo ich nach einem Ausschau halten sollte. Und selbst wenn ich einen fände, wüßte ich nicht, wie ich die Sache angehen sollte. Außerdem bezweifelte ich, daß ein *wu-shu*-Meister einen ausländischen Schüler annehmen würde; ich hatte gehört, sie seien meistens sehr verschlossen und altmodisch in ihrem Denken. Lehrerin Wei schüttelte heftig den Kopf. »Das gilt vielleicht für die mittelmäßigen Kampfkünstler, aber du wirst sehen, daß Chinas beste Kampfkünstler nicht abergläubisch und nicht engstirnig sind. Wenn du *wu-shu* lernen willst, wirst du einen Lehrer finden – das garantiere ich dir, weil du ein netter Junge bist. Das ist das Wichtigste. Außerdem« – sie gestattete sich ein Kichern – »bist du exotisch. Schon allein deine große Nase wird dir alle Türen öffnen! Du hast blondes Haar, blaue Augen und bist sehr kräftig – ein Paradebeispiel für einen Ausländer! Die Lehrer werden *dich* finden.« Ich fragte sie, ob sie jemanden wüßte, der mir weiterhelfen könnte, aber sie lächelte nur und meinte, ich solle Geduld haben; dann ging sie weiter.

Als ich ins Haus zurückging, um zu baden und zu frühstücken, hockte auf der Treppe ein Mann mit kurzgeschorenem weißen Haar. Ich wünschte ihm einen guten Morgen, und er antwortete höflich und machte mir ein Kompliment über mein Chinesisch. Ich fragte ihn, ob er einen der amerikanischen Lehrer besuchen wolle, doch er verneinte und erklärte, er würde den leerstehenden Raum in unserem Gebäude bewohnen; dieses Zimmer stellte die Hochschule Gästen zur Verfügung, wenn das eigentliche Gästehaus besetzt war. Er war Arzt für Rehabilitationstherapie und traditionelle chinesische Medizin an einem Krankenhaus am Stadtrand und war gekommen, um auf einem Kongreß, den unsere Hochschule organisierte, über sein Spezialgebiet zu referieren. Er hieß Dr. Li. Als er aufstand, um sich vorzustellen, bemerkte ich, daß er größer war als ich, breite Schultern hatte und den Kopf leicht nach hinten gebeugt hielt; er wirkte sehr besonders.

»Ich habe dich beim Üben beobachtet und dein Gespräch mit der Dame mitangehört«, sagte er. »In Hunan gibt es mehrere gute Lehrer.«

»Kennst du welche?«

»Ja, ich kenne einige.«

»Glaubst du, daß einer bereit wäre, mir Unterricht zu geben?«

»Schwer zu sagen«, sagte er, wünschte mir noch einen schönen Morgen und begab sich zum Frühstück.

Dr. Li blieb eine Woche. Jeden Morgen hockte er vor dem Haus, sah mir beim Trainieren zu, wechselte ein paar Worte mit mir und ging dann frühstücken. Am Nachmittag vor seiner Abreise kam er gerade ins Haus zurück, als ich vor der Tür saß und mit Kohlestift und Tusche an einer Zeichnung arbeitete. Er setzte sich neben mich, bis ich fertig war, dann nahm er das Blatt in die Hand, um es besser betrachten zu können. Es schien ihm zu gefallen; also sagte ich, er möge es doch bitte behalten.

»Vielen Dank, das ist eine wunderschöne Zeichnung«, sagte er. Dann stand er auf und wandte sich zum Gehen. »Trainierst du morgen früh?« fragte er beiläufig.

»Wahrscheinlich schon.«

»Ich will dir was sagen. Der Grund, warum du bisher niemanden beim *wu-shu*-Training gesehen hast, ist der, daß du zu spät aufstehst. Du liegst um halb sieben Uhr früh noch im Bett. Bis dahin sind die *wu-shu*-Kämpfer mit ihrem Training bereits fertig. Steh morgen etwas früher auf, dann siehst du vielleicht was.« Er bedankte sich noch einmal für die Zeichnung und ging ins Haus.

Am nächsten Morgen klingelte mein Wecker um fünf Uhr. Ich rumpelte vors Haus und setzte mich auf die Stufen. Es war noch dunkel, kein Mensch war auf, und erst recht keiner trainierte *wu-shu*. Da fiel mir ein, daß ein *wu-shu*-Meister wohl kaum den nördlichen Bezirk der Hochschule von Hunan als Übungsplatz auswählen würde, und ich verfluchte mich dafür, daß ich Dr. Li nicht gefragt hatte, wo ich hingehen sollte. Ich stand auf und wollte schon wieder ins Bett schlüpfen, als ich neben einem Bambusstrauch an der Südfassade des Hauses eine undeutliche Gestalt wahrnahm. Ich ging darauf zu und erkannte Dr. Li, der in einer unmöglichen

Stellung auf einem Bein balancierte, wobei sein Körper so vollkommen bewegungslos war, daß ich ihn nicht einmal atmen sehen konnte.

Nach endlos langer Zeit richtete er sich plötzlich auf und gab mir durch ein Nicken zu verstehen, daß er mich bemerkt hatte. Dann führte er eine Form des *t'ai-chi-ch'uan* aus, die etwa zwanzig Minuten dauerte. Er bewegte sich so langsam, daß ich mir beim Zuschauen wie hypnotisiert vorkam. Als er fertig war, winkte er mich zu sich.

»Von den *wu-shu*-Formen, die ich ausübe, ist mir die liebste das *xuan-men*-Schwert. *Xuan* bedeutet dunkel oder geheimnisvoll; *men* bedeutet Tor.« Er sagte, ich solle stehenbleiben, während er schnell zwei gleichlange Stöcke suchte; einen davon gab er mir. Sie waren etwa sechzig Zentimeter lang.

»Mach genau das, was ich mache«, sagte er und begann, mir die Form beizubringen.

Nach etwa einer halben Stunde meinte er, es sei Zeit zum Frühstücken; dann erklärte er mir, daß dies sein letzter Tag in unserem Haus sei, so daß er mich leider nicht jeden Morgen unterweisen könne.

»Aber ich werde etwa alle drei Tage kommen, bis du die Form beherrschst. Warte frühmorgens hier vor dem Haus auf mich.«

Er hielt sein Versprechen, so daß ich innerhalb eines Monats sämtliche Bewegungen dieser Form lernte; trotzdem behauptete er hartnäckig, daß noch irgend etwas fehle. Obwohl ich die Bewegungen technisch zufriedenstellend ausführte, spürte er, daß ich mich nicht so konzentrierte, wie es der Form angemessen gewesen wäre: »Es sieht gut aus, aber du hast kein *gong fu.*« Schließlich lud er mich zu sich zum Abendessen ein, mit der Begründung, daß er mich bei sich zu Hause besser unterrichten könne. Als ich der Wegbeschreibung zu seinem Haus folgte, wurde mir klar, daß er während des vergangenen Monats jedesmal einen Weg von zweimal fünfundvierzig Minuten zurückgelegt hatte, um mich zu unterrichten. Er wohnte weit außerhalb des Stadtzentrums auf einem kleinen, von üppigen, künstlich bewässerten Feldern umgebenen Hügel. Als ich ankam, reichte mir seine Frau gleich ein heißes Handtuch, mit dem ich mir den Staub von Gesicht und Händen wischen konnte. Dann setzten wir uns zu dritt zu einem einfachen, aber köstlichen Mahl nieder, das aus Schweinefleischstreifchen mit Nudeln in Brühe, gedämpftem Fisch und reichlich Reis bestand.

Nach dem Essen räumte Dr. Lis Frau die Reste ab und brachte sie in das angrenzende Schlafzimmer, wo sich, wie sich herausstellte, ihre drei Kinder aufhielten – ein Sohn und zwei Töchter, alle zwischen zehn und zwanzig. Als ich fragte, warum sie nicht mit uns gegessen hatten, meinte Dr. Li irritiert: »Das wäre doch unhöflich gewesen, oder? Schließlich bist du unser Gast.«

Offenbar spürte er mein Unbehagen, denn er forderte die Kinder auf, den Nachtisch – ein paar

Orangen und Äpfel und frischen Tee – mit uns zusammen einzunehmen. Dr. Lis Kinder waren viel zu schüchtern, um sich mit mir zu unterhalten; immerhin fragte mich dann doch eines, ob das amerikanische Essen genauso sei wie das chinesische. Ich versuchte, eine typische amerikanische Mahlzeit zu beschreiben, was sich jedoch als schwierig erwies: Wie soll man jemandem, der weder Käse noch Tomatensauce noch knusprigen Hefeteig kennt, erklären, was eine Pizza ist?
Dann holte Dr. Li aus einem anderen Zimmer zwei Schwerter, band sie mit einem Stück Strick zusammen und forderte mich auf, ihm zu folgen. Wir stiegen auf unsere Räder und fuhren zum nahe gelegenen Ma-wang tui, dem Gelände mit dem Loch, in dem man den zweitausend Jahre alten Leichnam gefunden hatte. Wir gingen an diesem Loch vorbei auf einen zweiten Hügel, in dem sich, wie Dr. Li erzählte, angeblich die Grabstätte des Mannes oder Sohnes der adeligen Dame befand. Die Hügelkuppe war fast flach; aus der festgestampften Erde sprossen hier und da Grasflecken. Als Dr. Li die beiden Schwerter losband und mir eines gab, wurde mir klar, daß diese flache Hügelkuppe genau die richtige Größe für die Form hatte, die er mir beigebracht hatte.
Die Sonne war noch nicht untergegangen. Glitzernd spiegelte sie sich im Hsiang, der ein paar Meilen entfernt dahinfloß. Auch die Gemüsepflanzungen ringsum fingen das Licht ein und bildeten

so einen leuchtenden Kontrast zu der dunkelroten Erde der Wege zwischen den Feldern.

»Stell dir mal vor«, sagte Dr. Li, »wie viel Geschichte sich unter deinen Füßen befindet! Dieser Hügel birgt alle möglichen Schätze – wahrscheinlich sogar Schwerter wie die hier, nur daß es echte sind, die in alten Zeiten zum Kriegführen benutzt worden sind. So viel Geschichte unter deinen Füßen – empfindest du dabei nichts? Und jetzt führe die Form aus und achte diesmal nicht zu sehr auf die Technik. Genieße es einfach, so, als würde dieser Hügel dir Kraft einflößen. Das ist das Gefühl, das *wu-shu* schön macht – es ist die Tradition, die einen durchdringt. Und ist das hier etwa keine Kraft?«

Nach der Stunde in Ma-wang tui meinte Dr. Li, es sei nicht mehr nötig, daß er regelmäßig komme, um mich zu unterrichten; ich könne ihn jedoch jederzeit besuchen, wenn ich weitere Unterweisung wünsche. Da nur sehr wenige Leute in China ein Telefon haben, besteht so ziemlich die einzige Möglichkeit, jemanden zu besuchen, darin, zu seinem Haus zu gehen und an die Tür zu klopfen. Handelt es sich um einen Freund, kann man sich das Anklopfen zumeist sparen und einfach eintreten. Meine Studenten haben mir oft versichert, ich könne zu jeder Tages- und Nachtzeit in ihre Häuser kommen, falls ich sie besuchen wollte.

»Aber was ist, wenn du keine Zeit hast?«

»Wenn du kommst, habe ich Zeit!«

»Und was ist, wenn du schläfst?«

»Dann weck mich eben auf!«

Doch sooft ich diese Aufforderung auch erhielt, ich brachte es nicht über mich, sie in die Tat umzusetzen. Und jedesmal, wenn jemand unerwartet an meine Tür klopfte oder einfach in mein Zimmer trat, wurde ich etwas nervös; ich selbst besuchte meine Freunde nur, wenn ich glaubte, auch einen Grund dafür zu haben.

Also suchte ich Dr. Li nicht zu weiteren Unterrichtsstunden auf, sondern gab mich damit zufrieden, das *xuan-men*-Schwert zu üben und das Gefühl wiederaufleben zu lassen, das der Tanz mit dem Schwert auf der Grabstätte der Han-Dynastie hervorgerufen hatte.

Zu dieser Zeit las ich mit Lehrerin Weis Hilfe einen klassischen Roman *Die Räuber vom Liangshan-Moor.* Das ist die Geschichte von einhundertacht heldenhaften Abtrünnigen, samt und sonders herausragenden Kampfkünstlern, die sich zusammentun und ähnliche Taten wie Robin Hood und die Männer aus dem Sherwood Forest vollbringen. Lehrerin Wei und ich waren uns einig, daß unsere Lieblingsfigur Lu Zhishen war, der Falsche Mönch; er war ein Mann mit einem ausgeprägten Gerechtigkeitssinn, aber extrem jähzornig und auf der Flucht vor dem Gesetz, seit er, um ein Unrecht zu vergelten, einen betrügerischen Händler getötet hatte. Um der Hinrichtung zu entgehen, wurde er ein buddhistischer Mönch, ohne sich jedoch für die enthaltsame, mönchische Lebensart zu eignen. So schlich er sich nachts aus dem Kloster, um unmenschliche Mengen *pai-chiu* zu trinken und gebratene Hunde mit Haut und Knochen zu verspeisen. Wenn er dann wieder zurückkehrte, schimpften ihn die anderen Mönche aus, weil er getrunken und Fleisch gegessen hatte. Betrunken, wie er war, verdrosch er sie allesamt, schlug ringsum alles kurz und klein und übergab sich zuletzt im Meditationsraum. Natürlich hatte er am nächsten Tag dann ein miserables Gewissen und reparierte alles, was er demoliert hatte.

In der Zwischenzeit bestanden meine Stunden mit Lehrerin Wei nicht mehr ausschließlich aus Lesen und Schreiben. Sie war ein Lehrer im traditionell chinesischen Sinn und fühlte sich daher nicht nur für den Fortschritt meiner Studien, sondern für meine ganze Entwicklung verantwortlich. Sie gab mir Ratschläge in bezug auf meine Familie und meine Freunde, auf Essen und Kleidung, Arbeits- und Trainingsgewohnheiten und überhaupt meine ganze Einstellung zum Leben. Gelegentlich verlor ich die Geduld mit ihr und erklärte ihr, daß in Amerika die Kinder etwa zu der Zeit, zu der sie aufs College gehen, erwachsen werden und von da an ihre Entscheidungen lieber alleine treffen.

Sie war entsetzt. »Kümmern sich eure Eltern und Lehrer denn nicht um euch?«

»Natürlich tun sie das, aber …«

»Wie können sie euch dann im Stich lassen, wo ihr doch noch Kinder seid?«

»Nun, wir …«
»Und wie kannst du dir einbilden, alles zu wissen? Du bist doch erst zweiundzwanzig. Du bist so weit weg von zu Hause, und ich bin dein Lehrer. Würde ich mich nicht um dich kümmern, wärst du einsam und verlassen, oder?«
Sie wies mich darauf hin, daß die enge Beziehung zwischen Lehrer und Schüler in China seit der Zeit vor Konfuzius existiere und nicht unterschätzt werden dürfe – außerdem sei sie älter als ich und hätte mehr Erfahrung. Ich konnte nicht umhin, ihre Überzeugung zu respektieren; zudem schien es ihr ausgesprochen Spaß zu machen, mich genau kennenzulernen und mich dann zurechtzubiegen, so daß ich meinen Widerstand schließlich aufgab und mich von ihr erziehen ließ.
So lernte ich, wie man sich anzuziehen hatte, um sich das ganze Jahr über wohl zu fühlen (sehr nützlich in einer Gegend ohne Klimaanlagen und Heizungen in den meisten Gebäuden), wie man üblichen Krankheiten vorbeugte und sie behandelte, wie man sich gegenüber Lehrern, Schülern, Fremden und Bürokraten zu verhalten hatte, wie man Bücher vor Schimmel und Würmern schützte und daß man es nie mit etwas übertreiben sollte.
»Mark, du lachst ziemlich viel im Unterricht. Warum?«
»Weil es mir Spaß macht, Lehrerin Wei.«
»Ich verstehe. Lache weniger. Es wirkt merkwürdig, wenn ein Mensch so herzhaft über seine eige-

nen Witze lacht. Die Leute werden dich für leicht verrückt halten oder befürchten, daß du erstickst.«
»Lehrerin Wei, warum hältst du Lachen für schlecht?«
»Das tue ich ganz und gar nicht. Lachen ist sogar sehr gesund. Ein chinesisches Sprichwort sagt, wer viel lacht, lebt lange. Aber du solltest nicht zuviel lachen, sonst bekommst du Verdauungsbeschwerden.«

Lehrerin Wei animierte mich auch zum Reisen. Sie wußte, daß ich Heimweh hatte. Reisen vermittelt Erfahrung, sagte sie, hilft einem, Trauer zu überwinden, und außerdem macht es Spaß. Ich war da anderer Ansicht. Meine letzte Reise, von Hongkong nach Changsha, hatte mir unerfreuliche Erfahrungen beschert und mitnichten Spaß gemacht. Sie ließ die Angelegenheit auf sich beruhen, bis ich ihr eines Tages erzählte, daß Bob, Marcy und Bill einen Ausflug nach Wuhan planten, um ein Ferienwochenende mit den dort ansässigen Yale-China-Lehrern zu verbringen. Ich hatte bereits beschlossen, mich ihnen anzuschließen, wollte Lehrerin Wei jedoch nicht den Spaß nehmen, mich dazu zu überreden. Nachdem ich ihr versprochen hatte, nach Wuhan zu fahren, wenn sie es wirklich für richtig hielt, wollte sie wissen, wer unsere Reise organisierte.
»Aber Lehrerin Wei, wir fahren doch nur sechs Stunden mit dem Zug.«

»Schon, aber wer besorgt euch die Fahrkarten? Wer bringt euch zum Bahnhof? Wer kümmert sich darum, daß ihr Sitzplätze bekommt?«

»Lehrerin Wei, wir fahren ganz einfach mit dem Bus zum Bahnhof, stellen uns am Schalter an, kaufen die Fahrkarten und suchen uns Sitzplätze.«

Sie konnte nicht begreifen, warum ich ihr nicht erlaubte, ihre sämtlichen Verwandten in Changsha und Wuhan zu mobilisieren, um unsere Fahrt zu organisieren.

»Es ist meine Pflicht, dir zu helfen!«

»Wir kommen schon zurecht, Lehrerin Wei. Es ist doch nur ein Wochenende.«

»Und wann kommt ihr zurück?«

»Am Montag abend.«

»Mit welchem Zug?«

»Wahrscheinlich mit dem, der zur Essenszeit ankommt.«

»Ich verstehe.«

Das Wochenende in Wuhan erwies sich als sehr vergnüglich, obwohl die Zugfahrt beide Male recht unangenehm war. Auf dem Hinweg saßen wir auf Zeitungspapier auf dem Boden zwischen zwei Waggons, Knie an Knie mit drei erschöpften Männern, die sich auf dem Weg vom Süden in den Norden Chinas befanden. Auf dem Rückweg war der Zug so überfüllt, daß nicht einmal auf dem Boden zwischen den Waggons Platz war und wir zusammengepfercht wie Vieh stehen mußten, die Nasen gegen einen Berg von Kohlköpfen gedrückt, die bis zur

Decke des Waggons aufgestapelt waren. Bob hatte die schlaue Idee, seine Arme in diesem Berg von Kohlköpfen zu verankern und sich dagegen zu lehnen, um auf diese Weise schlafen zu können. Ich folgte seinem Beispiel und schaffte es so, ein paar Stunden lang vor mich hin zu dösen. Nachdem wir in Changsha angekommen waren, aßen wir, bevor wir nach Hause gingen, noch irgendwo eine Nudelsuppe, da es bereits Abend wurde.

Bis wir das Hochschulgelände erreicht hatten, war es fast dunkel. Als ich durch das Tor kam, hörte ich jemanden meinen Namen rufen. Ich blickte mich um und sah Lehrerin Wei unter einem Baum stehen und mir zuwinken. Ich ging zu ihr hin und fragte sie, ob sie irgendwohin unterwegs sei.

»Nein, ich habe auf dich gewartet.«

»Aber warum denn?«

»Das war deine erste Reise in China. Es wäre doch eine Schande gewesen, wenn dich bei deiner Rückkehr niemand begrüßt hätte.«

Hongkong-Fuß

Während der ersten Novemberhälfte blieb es in Changsha heiß und feucht. Ich hatte mir eine recht schmerzhafte Dermatophytose an den Füßen zugezogen und machte mich auf die Suche nach einem Heilmittel. Doch ich konnte nirgends etwas Geeignetes bekommen, und von meinen Medizinstudenten kannte keiner die Symptome. Schließlich sah sich dann doch jemand, der sich mit Hautkrankheiten auskannte, die Sache an. Er wußte sofort, worum es sich handelte, war jedoch nicht in der Lage, mich zu behandeln. Die Dermatophytose, so erklärte er mir, gelte in China offiziell als ausgemerzt; folglich konnte man sie sich nur zuziehen, wenn man das sozialistische Vaterland verließ oder Kontakt mit Ausländern hatte. Aus diesem Grund hatte man diese Krankheit inzwischen »Hongkong-Fuß« getauft; ein Heilmittel dafür war nicht zu bekommen.

Und so riet er mir, ich solle mir aus den Staaten eine Heilsalbe schicken lassen.

Ich schrieb an einen Bekannten in Hongkong, der ein paar Tuben Salbe, dazu ein paar Knusperriegel

und Schokoladekuchen, in eine kleine Pappschachtel steckte und sie mir umgehend schickte.
Ein paar Tage später lag in unserem Briefkasten ein an mich adressierter Abholzettel. Ich ging aufs Postamt und schob ihn der jungen Frau hinter dem Schalter hin. Sie riß ihn mir aus der Hand, marschierte ins Hinterzimmer, kam mit einem Päckchen zurück – es war aufgerissen, der Inhalt völlig durchwühlt –, ließ es auf den Schaltertisch fallen, knallte mir eine Rechnung hin und knurrte: »Unterschreiben und zahlen!« Offenbar war sie miserabler Laune. Stur blickte sie an mir vorbei auf die Uhr an der Wand. Ich warf einen Blick auf die Rechnung und stellte fest, daß der geforderte Zoll den Wert des Päckcheninhalts bei weitem überstieg.
Ich holte tief Luft und setzte alles auf eine Karte, indem ich die Frau bat, mir das Zustandekommen dieses Geldbetrags zu erklären. Alles Blut wich aus ihrem Gesicht, und ihre Nasenflügel bebten. »Einfuhrzoll für ausländische Freunde! Und jetzt beeil dich!« Allmählich wurde ich ärgerlich, da man mir im Ausländerbüro wiederholt gesagt hatte, daß dieser Zoll für Ausländer, die in China lebten und arbeiteten, aufgehoben worden sei. Angeblich wurde er nur bei Besuchern aus dem Ausland erhoben, die ja, wie man unterstellte, ohnehin alle reich waren und nichts dagegen hatten, sich ausbeuten zu lassen. Als ich dies der jungen Frau auseinandersetzte, brüllte sie: »Dann soll eben das Ausländer-

büro den Zoll bezahlen!«, fegte mein Päckchen ans andere Ende des Schaltertisches und weigerte sich, mir weiterhin Beachtung zu schenken.
Ich ging hinüber zum Ausländerbüro und versuchte mich dadurch zu beruhigen, daß ich mir die Genugtuung vorstellte, mit der ich dieser Frau ein von roten Amtssiegeln strotzendes, offizielles Schreiben unter die Nase halten würde. Dann würde sie mein Päckchen herausrücken müssen, wenn sie nicht in ein Arbeitslager gesteckt werden wollte. Doch als ich dem Genossen Hu im Ausländerbüro mein Problem schilderte, gab er mir nicht etwa ein amtliches Schreiben, sondern meinte, ich solle mir keine Gedanken machen, das Ausländerbüro werde »der Angelegenheit nachgehen«. In der chinesischen Bürokratensprache bedeutet »einer Angelegenheit nachgehen«, sie beiseite zu legen, bis sie sich selbst erledigt hat oder einfach verschwindet; also bedrängte ich ihn weiter. Er sagte, er sehe durchaus die Notwendigkeit ein, etwas zu unternehmen, und erklärte sich lächelnd dazu bereit, sich »mit der Angelegenheit zu befassen«, was normalerweise besser ist, als »der Angelegenheit nachzugehen«.
Ein paar Tage später stattete ich dem Ausländerbüro erneut einen Besuch ab, um nachzuforschen, ob meine Salben freigegeben worden waren.
»O ja«, sagte Genosse Hu lächelnd, »die Sache ist ganz einfach. Dieser Zoll wird von Ausländern erhoben, die Produkte nach China einführen, die es hier bereits gibt. China ist ein aufstrebendes Land

und verfügt selbst über Medikamente und Nahrungsmittel. Das Importieren von Medikamenten und Lebensmitteln beleidigt unser Land, und die Regierung geht davon aus, daß Ausländer das chinesische Volk ausbeuten wollen, indem sie ihm ausländische Waren zu horrenden Preisen zu verkaufen versuchen, mit der Behauptung, ihre ausländischen Produkte seien besser als chinesische. Natürlich wissen wir, daß du nichts dergleichen tun würdest! Du bist ja ein Freund Chinas! Aber leider haben wir keinen Einfluß auf die Vorschriften!«

»Das verstehe ich durchaus, Genosse Hu, aber man hat mir gesagt, daß dieser Einfuhrzoll nur für Ausländer gilt, die China bereisen, und nicht für solche, die in China leben und arbeiten.«

Nachdem eine kurze Pause eingetreten war und Genosse Hu ein paar Worte mit Kaderleiter Chen gewechselt hatte, lächelte er wieder.

»Ja, das stimmt. Aber die Zollbehörde bei der Post in Kanton war sich nicht sicher. Offenbar steht dein Name nicht auf ihrer Liste der hier lebenden Ausländer. Also bezahle doch einfach den Zoll. Wir werden uns mit der Angelegenheit befassen, und Kanton wird dir das Geld dann umgehend zurückerstatten.«

Da ich vermeiden wollte, daß die Verantwortung für die Angelegenheit auf Kanton abgeschoben wurde, versuchte ich es auf andere Weise.

»Nachdem es sich um eine innere Angelegenheit handelt, Genosse Hu, könnte doch deine Dienststelle den Zoll bezahlen und ihn sich von Kanton zurückerstatten lassen.«

Nachdem er wieder eine kurze Pause eingelegt und ein paar Worte mit Kaderleiter Chen gewechselt hatte, antwortete Genosse Hu lächelnd: »Es tut mir leid, dir sagen zu müssen, daß unser Amt nicht befugt ist, Gelder auszuzahlen. Wenn du jedoch möchtest, können wir eruieren, ob möglicherweise das Gesundheitsamt der Medizinischen Hochschule den Zoll für dich bezahlen würde. Es kann jedoch einige Zeit dauern, bis wir genau festgestellt haben, welcher Weg da zu beschreiten ist.«

Da ich wußte, daß ich geschlagen war, entgegnete ich, ich würde es mir überlegen und ihnen dann Bescheid geben. Sie lächelten, und Genosse Hu sagte, ich solle mich nicht scheuen, sie jederzeit aufzusuchen, falls ich irgendwelche Probleme hätte. Auf diese Weise könne man Schwierigkeiten, selbst wenn sie nicht auf der Stelle zu lösen seien, zumindest verstehen.

Doch vorerst hatte ich von dieser Angelegenheit die Nase voll und beschloß, den Zoll am nächsten Tag zu bezahlen. An diesem Abend erwähnte die Frau eines amerikanischen Arztes, der an der Universitätsklinik ein Forschungsprojekt durchführte, beim Abendessen, daß sie ein Päckchen für mich habe. Sie holte es hervor, und es enthielt tatsächlich meine Salben und Süßigkeiten. Sie hatte es am Nachmittag auf dem Schaltertisch im Postamt gesehen, festgestellt, daß es für mich war, und es ganz

unschuldig an sich genommen. Unsere kleine amerikanische Gemeinde bejubelte diesen kleinen Sieg über die Mächte des Bösen, und so ging ich als glücklicher Mann zu Bett.
Am nächsten Tag bekamen wir keine Post. Am übernächsten Tag bekamen wir ebenfalls keine Post. Am dritten Tag, an dem keine Post kam, ging ich zum Postamt.
Ich steuerte geradewegs auf den Schalter zu, an dem die junge Frau arbeitete, und pflanzte mich vor ihr auf, bis sie mich schließlich anzischte: »Was willst du?« So gelassen wie möglich antwortete ich, wir hätten in den letzten Tagen keine Post bekommen, und ob es irgendwelche Probleme gebe? Ohne aufzublicken, deutete sie auf einen Stapel Briefe in der hinteren Ecke des Schalterraumes – lauter Post aus dem Ausland. Als ich fragte, ob ich sie mitnehmen könne, knallte sie zum zweitenmal die Zollabrechnung auf den Schaltertisch. Ich bezahlte wortlos, und an diesem Nachmittag bekamen wir einen dicken Packen Post.
Ein paar Wochen, nachdem ich dem Ausländerbüro meine Quittung vorgelegt hatte, verkündete Kanton, daß die Postbestimmungen geändert und alle Verbindlichkeiten gegenüber Ausländern für null und nichtig erklärt worden waren.

Kurzsichtigkeit

Ich sprach etwas Kantonesisch und hoffte, es würde bei meinem Aufenthalt in China nicht einrosten, da es im südlichen China und in den meisten chinesischen Provinzen in Übersee nützlich war, weil die Menschen dort Mandarin zwar unter Umständen verstehen, es aber nicht sprechen können. Die zwei Sprachvarianten sind so unterschiedlich, daß mich bei meinem Besuch in der Provinz Kuang-tung, deren Einwohner Kantonesisch sprechen, Durchreisende aus Nordchina gelegentlich sogar baten, für sie zu dolmetschen. Da in unserer *tan-wei* oder Einheit mehrere kantonesische Familien wohnten, ersuchte ich sie, mit mir Kantonesisch zu sprechen, damit ich gezwungen war, es zu üben. Die Kantonesen, die ohnehin sehr stolz auf ihre Sprache und ihre besonderen Bräuche sind, kamen meiner Bitte nur allzu gerne nach. Ein Psychologiedozent bot mir an, mir im Austausch für englische Stunden Unterricht zu geben. Wir kamen überein, uns einmal in der Woche für zwei Stunden zu treffen.

Mr. Gong war ein geduldiger, großzügiger und ungeheuer höflicher Mann; ich empfand tiefe Sympathie für ihn, doch trotzdem war unsere Freundschaft sehr formell und folglich etwas anstrengend. Während wir Konversation machten, saß ich kerzengerade auf meinem Stuhl, um ja auch ganz konzentriert zu wirken, und da er immer lächelte, lächelte ich auch immer. Wenn er von seinen Erfahrungen während des Zweiten Weltkrieges und der Kulturrevolution sprach, beugte er sich vor und bedeutete mir, dasselbe zu tun, damit er mir ins Ohr flüstern konnte. Während er diese tragischen Geschichten erzählte, lächelte er ununterbrochen und brachte mich dadurch in Verlegenheit – schließlich war es nicht leicht, einen besorgten oder mitfühlenden Gesichtsausdruck zu wahren, solange er lächelte, und über sein Unglück lächeln konnte ich schlecht.

Besonders gerne erzählte er mit von der ländlichen Gegend, in die man ihn zur Umerziehung verschickt und in der er mehrere Jahre verbracht hatte. Obwohl er damals sicher eine harte Zeit durchgemacht hatte, erzählte er liebevoll von den verarmten Dorfbewohnern, bei denen er gelebt hatte, und hatte großen Respekt vor ihrer Tapferkeit und ihrer Ehrlichkeit. Einmal, so berichtete er, hatte ein Junge aus einem Nachbardorf über längere Zeit hinweg hohes Fieber. Mr. Gong hörte von dem Jungen und suchte ihn auf, um festzustellen, ob er irgendwie helfen könne. Es gelang ihm, das Fieber zu senken, und der Junge wurde wieder gesund; der Vater des Jungen jedoch war zutiefst beschämt, daß er nicht einmal ein Stück Stoff besaß, das er ihm zum Zeichen der Dankbarkeit hätte geben können. Dreizehn Jahr später stand eben dieser Bauer mit drei Körben voller Eier vor dem Tor der Medizinischen Hochschule von Hunan, nachdem er mehr als hundert Meilen zu Fuß und auf Ochsenkarren zurückgelegt hatte. Als er Mr. Gong ausfindig gemacht hatte, sagte er: »Endlich kann ich dir etwas geben.« Dann ging er wieder, ohne Mr. Gongs Einladung in dessen Haus anzunehmen, weil er sich dafür nicht gut genug gekleidet fand.

Eines Tages fragte mich Mr. Gong, was ich in meiner Freizeit am liebsten machte. Unter anderem erwähnte ich, daß ich gerne spazierenging. Von diesem Zeitpunkt an bestand er darauf, daß wir unsere Stunden im Gehen abhielten, und führte mich in die meisten Parks, Zoos und Museen und zu den Sehenswürdigkeiten von Changsha. Diese Spaziergänge dauerten zwei bis drei Stunden, und sooft wir an einem Imbißstand oder einem Lokal vorbeikamen, lud er mich zu Süßigkeiten, Bier oder Nudeln ein, auch wenn ich mich noch so dagegen sträubte. So gut seine Absichten auch sein mochten, das Laufen durch die lärmenden Straßen Changshas war doch recht anstrengend, zumal wenn man dabei eine Sprache erlernen sollte. Als ich ihm vorschlug, den Unterricht wieder in meinem Zimmer abzuhalten, hielt er das lediglich für eine höfliche Geste, und so fragte ich ihn, ob wir uns vielleicht in seinem Haus treffen könnten.

Ich glaubte zu bemerken, daß er zusammenzuckte, doch er erklärte sich sofort bereit und versicherte mir, es bereite ihm und seiner Familie keinerlei Umstände. Wir verabredeten also, daß ich an einem Abend der folgenden Woche kommen sollte.
Sobald ich sein Zuhause betrat, wurde mir klar, daß ich ihm und seiner Familie erhebliche Umstände bereitet hatte, denn zum einen war die gesamte Dreizimmerwohnung auf Hochglanz geputzt, und zum anderen stand auf dem Abendbrottisch mir zu Ehren ein neungängiges Festessen. Ich bekam massive Gewissensbisse, zwang mich jedoch dazu, Überraschung und Begeisterung über das aufwendige Mahl, das ich ihnen förmlich aufgezwungen hatte, zu zeigen.
Mr. Gongs Haushalt bestand aus seiner Mutter, seiner Frau und seinen zwei Söhnen. Der ältere war achtzehn und studierte an einer Hochschule in der Stadt, der jüngere mit seinen zwölf Jahren besuchte noch die Mittelschule. Obwohl die ganze Familie tagelang geschuftet haben mußte, um alles für mein Kommen vorzubereiten, freuten sich alle aufrichtig über meinen Besuch und erklärten mir voller Stolz die einzelnen Gerichte – lauter kantonesische Spezialitäten.
Der ältere Sohn mußte sich vorzeitig verabschieden, da er zurück an die Hochschule mußte; gemeinsam begleiteten wir ihn zur Bushaltestelle. Als wir in die Wohnung zurückkehrten, wandte sich die Aufmerksamkeit dem jüngeren Sohn zu, und Mr.

Gong forderte ihn auf, mir seinen Zeichenblock zu zeigen. Der Junge wurde verlegen, holte jedoch gehorsam seinen Skizzenblock, der eine Fülle von Bleistiftzeichnungen enthielt, alles japanische Soldaten, die chinesische Bauern köpften. Als er mir den Block reichte, bemerkte ich, daß er eine ungewöhnlich dicke Brille trug.

»Mein Junge ist sehr kurzsichtig«, sagte Mr. Gong, wobei er seinem Sohn die Hand auf den Kopf legte. »Er wird nicht auf die Hochschule gehen können, weil er den Sehtest nicht besteht. Wir alle hoffen, daß er bald ein Gewerbe erlernt, damit seine Zukunft gesichert ist. Wir sagen ihm immer wieder, daß er sich ernsthaft Gedanken machen und Verantwortung für seine Zukunft übernehmen muß. Aber das einzige, wofür er sich bisher interessiert, ist Zeichnen.« Solange der Vater sprach, blickte der Junge zu Boden; dann nahm er mir schweigend den Block aus der Hand und verschwand im Schlafzimmer.

Am nächsten Tag schaute ich bei Mr. Gong vorbei, um ein paar Geschenke abzugeben, die ich an diesem Morgen für ihn und seine Familie besorgt hatte. Es waren ganz gewöhnliche Geschenke, nur für den jüngeren Sohn hatte ich etwas Besonderes. Die Geschichte von seinem Interesse am Zeichnen war mir nahegegangen, so daß ich beschlossen hatte, ihm die Wasserfarben, Pinsel und Kreiden zu schenken, die ich aus Amerika mitgebracht hatte. Es dauerte nicht lange, da standen Mr. Gong und sein Sohn vor meiner Tür. Nachdem er von seinem Vater einen freundschaftlichen Rippenstoß erhalten hatte, bedankte sich der Junge zaghaft für mein Geschenk. Noch ein sanfter Rippenstoß, und er fragte mich mit größter Bescheidenheit, ob ich wohl so großherzig sein würde, ihm das Zeichnen beizubringen. Seine Bitte war so rührend vorgetragen, daß ich nicht gut ablehnen konnte; andererseits wollte ich natürlich keineswegs die volle Verantwortung für seine künstlerische Laufbahn übernehmen. Ich suchte nach entsprechenden Worten und erklärte mich schließlich bereit, drei- oder viermal zu kommen, um ihm zu zeigen, wie man mit diesen Zeichenmaterialien umging.

Als ich am folgenden Sonntag abend nach dem Essen hinging, erwarte mich ein dreigängiger »Imbiß«. Dann wurde der Tisch abgeräumt, und Mr. Gong und seine Frau legten ehrerbietig meine Wasserfarben und Kohlestifte darauf. Fünf Stühle wurden herangerückt; der Junge saß rechts von mir, umringt von Vater, Mutter und Großmutter. Ich hatte mir überlegt, daß ich ihm zuerst die Verwendung des Kohlestifts erklären würde, um festzustellen, ob er die Grundprinzipien der Perspektive begriff; dann wollte ich zu den Wasserfarben übergehen. Ich legte zwei Bogen Papier bereit, einen für ihn und einen für mich, gab ihm einen Kohlestift und forderte ihn auf, das nachzuzeichnen, was ich ihm vorzeichnete. Mit der breiten Seite des Stiftes zog ich eine flächige Linie über das Papier, um ihm

zu zeigen, wie er durch Bewegen des Handgelenks die Breite des Striches beliebig variieren konnte. Nervös setzte er zu einer Linie an, drückte jedoch zu fest auf und brach den empfindlichen Stift ab. Eltern und Großmutter holten tief Luft und schalten ihn leise: »Schau her, was du angestellt hast, du hast ihn abgebrochen!«, und Mr. Gong entschuldigte sich bei mir für die Ungeschicklichkeit seines Sohnes. Das Gesicht des Jungen lief rot an, verriet jedoch keinerlei Gefühlsregung. Ich beeilte mich zu erklären, daß ein abgebrochener Kohlestift ebenso nützlich sei wie ein ganzer. Um den Jungen zu beruhigen, brach ich lachend meinen eigenen Stift entzwei und zeigte ihm, wie man die unterschiedlichen Stücke sinnvoll einsetzen konnte. Er wirkte nicht gerade begeistert, aber auch nicht so irritiert, daß er nicht mehr hätte weitermachen können.
Ich stellte eine Teetasse auf den Tisch und schlug dem Jungen vor, wir sollten beide versuchen, sie zu zeichnen; auf diese Weise konnte ich ihm zwischendurch einige Tips geben. Jeder seiner Striche stieß bei seinen Eltern auf sanfte, aber deutliche Kritik. »Siehst du nicht, wie Onkel Mark es gemacht hat? Bei dir sieht es ganz anders aus. Mach Onkel Mark alles genau nach, dafür ist er doch gekommen.« – »Warum machst du krumme, zittrige Striche? Konzentrier dich, spiel nicht nur herum. Onkel Marks Zeit ist sehr kostbar, vergeude sie nicht.«
Ich versuchte, den armen Kerl aufzuheitern, indem

ich darauf hinwies, daß krumme, zittrige Striche sehr ausdrucksstark sein können, und zeichnete in dieser Manier die Karikatur eines verschreckten Schweins, um zu demonstrieren, was ich meinte. Ich glaubte ein Lächeln auf seinem Gesicht zu sehen, aber seine Eltern erinnerten ihn daran, daß ich nur nachsichtig sei, und ermahnten ihn, sich beim nächstenmal besser zu konzentrieren.

Jeder amerikanische Zwölfjährige wäre vor Verlegenheit oder Entrüstung explodiert, aber dieser Junge protestierte weder, noch runzelte er auch nur die Stirn. Stoisch zeichnete er ohne das geringste Anzeichen von Erbitterung oder Vergnügen weiter. Als ich den feierlichen Ernst schließlich nicht länger ertragen konnte, lehnte ich mich zurück und sagte zu dem Jungen, das Wichtigste sei, daß es ihm Spaß mache, zeichnen zu lernen.

»Macht es dir denn Spaß?« fragte ich ihn und hoffte sehnlichst, er würde ja sagen.

»Macht es dir denn keinen Spaß? Na sag schon!« hakten seine Eltern sofort lächelnd nach.

»Ja.« Seine Antwort klang weder ironisch noch freudig.

Und da wurde mir klar, was für eine mühselige Angelegenheit das Ganze doch für diesen Jungen sein mußte; er fühlte sich verpflichtet, einerseits seine Eltern zu beruhigen, indem er sich ernsthaft und konzentriert bemühte, und es andererseits dem Amerikaner recht zu machen, der verlangte, daß er Spaß an der Sache haben solle. Tapfer meisterte er die Situation, indem er seinen Blick ausschließlich auf Papier und Kohlestift richtete – als befänden wir anderen uns außerhalb seines Blickfeldes – und eine indifferente Miene aufsetzte, die jede beliebige Interpretation zuließ.

Ein paar Wochen, nachdem ich ihm den Umgang mit allen Zeichenutensilien beigebracht hatte, traf ich ihn eines Tages zufällig mit seinem Vater auf dem Markt. Ich erkundigte mich nach seinen Fortschritten, aber er blickte nur zu Boden. Sein Vater seufzte und tätschelte seinen Kopf.

»Ach ja«, sagte er achselzuckend, »mein dummer Junge. Er hat das Zeichnen aufgegeben und scheint sich jetzt für Sport zu interessieren. Was sollen wir bloß mit ihm machen?«

Peking-Ente

Pan

Ein Fischer

Küssen

Ein Selbstmord

Peking-Ente

Fünf Minuten, nachdem die Glocke zum Nachmittagsunterricht geläutet hatte, tröpfelten die mittelalterlichen Englischlehrer nach und nach in den Unterrichtsraum und diskutierten noch einige Minuten miteinander. Offensichtlich war die Tafel am Abend zuvor nicht abgewischt worden, und sie versuchten festzustellen, wer von ihnen dafür verantwortlich gewesen wäre. Da ich merkte, daß sich diese Diskussion ohne weiteres über zwei Stunden hinziehen könnte, bat ich sie, dies bis nach dem Unterricht zu vertagen und ihre Bücher bei Kapitel dreizehn aufzuschlagen. Das Kapitel trug die Überschrift »Krieg« und enthielt zwei Seiten mit Photographien von Verwüstungen des Zweiten Weltkriegs, darunter eine Aufnahme von der Atombombenexplosion über Hiroshima.

Nachdem es ruhig geworden war, ließ ich sie einige Textabschnitte lesen und ein paar Grammatikübungen machen. Wie üblich schloß sich daran »freies Reden« über das Kapitel an. Da China und die Vereinigten Staaten im Zweiten Weltkrieg auf derselben Seite gekämpft hatten, rechnete ich nicht

damit, daß das Thema Anstoß erregen oder Kontroversen aufwerfen würde.
»Lehrer Zhu, du warst bei der Marine, kannst du uns etwas über deine Kriegserlebnisse berichten?«
Lehrer Zhu, ein aufstrebendes Parteimitglied, stand auf und lächelte. »Ja.« Er zögerte. »Das ist ein Bild von der Atombombe, nicht wahr?«
»Ja.«
Er lächelte verkrampft. »Lehrer Mark, was empfindest du bei dem Gedanken, daß dein Land eine Atombombe auf unschuldige Menschen abgeworfen hat?«
Die Tatsache, daß die Frage so persönlich gestellt war, brachte mich so in Verlegenheit, daß ich rot wurde; trotzdem versuchte ich, sachlich zu bleiben.
»Das ist eine gute Frage, Lehrer Zhu. Ich kann dir versichern, daß viele Leute in Amerika nicht damit einverstanden sind. Nicht alle glauben, daß es richtig war, so zu handeln, auch wenn die meisten Leute der Ansicht sind, daß auf diese Weise Menschenleben gerettet wurden.«
»Wieso wurden Menschenleben gerettet?«
»Nun, weil der Krieg schnell beendet wurde.«
An dieser Stelle ließ Lehrer Zhu den Blick über seine Kollegen schweifen.
»Aber Lehrer Mark! Es ist doch eine Tatsache, daß die Japaner bereits vor der Kommunistischen Achten Armee Chinas kapituliert hatten. Amerika hat die Bombe auf Japan abgeworfen, um die Welt glauben zu machen, daß Amerika der ... der ...«

»... der Sieger sei!« schrie Fatty Du.

»Ja, der Sieger«, bestätigte Lehrer Zhu.

Ich muß längere Zeit mit offenem Mund dagestanden haben, denn die anderen begannen, nervös zu kichern.

»Lehrer Zhu«, fragte ich schließlich, »woher weißt du, daß es sich um eine Tatsache handelt?«

»Weil das in unseren Zeitungen steht!«

»Ich verstehe. Aber unsere Zeitungen berichten etwas ganz anderes. Wie können wir wissen, welche Zeitungen die Wahrheit gesagt haben?«

Jetzt schien er erleichtert.

»Das ist doch ganz einfach! Unsere Zeitungen werden vom Volk kontrolliert, aber eure Zeitungen gehören kapitalistischen Organisationen, folglich erfinden sie Dinge, um ihr Weiterbestehen zu garantieren. Meinst du nicht auch?«

Mein Mund klappte einige Male auf und zu, ohne daß ein Wort herauskam. Fatty Du, die offenbar glaubte, daß ich die Wahrheit nicht verkraften konnte, kam mir zu Hilfe.

»Das macht doch nichts! Jedes kapitalistische Land würde das genauso machen, nicht nur dein Land!«

Noch völlig verwirrt, fragte ich sie, ob sie der Meinung sei, daß nur in kapitalistischen Ländern die Zeitungen lügen.

»Aber nein, natürlich nicht! Bei den Russen tun sie das auch. Aber bei uns hier in China gibt es keinen Grund, warum die Zeitungen lügen sollten. Wenn wir einen Fehler machen, geben wir ihn offen zu!

Und was den Krieg betrifft, so gibt es nichts, worüber man Lügen verbreiten könnte. Wenn du die Geschichte betrachtest, wirst du feststellen, daß China nie eine Nation angegriffen, sondern lediglich seine Grenzen verteidigt hat. Wir lieben den Frieden. Stell dir bloß vor, wie friedlich es in der Welt zuginge, wenn wir das mächtigste Land auf Erden wären!«

Ich entgegnete, ich sei natürlich auch der Meinung, daß Krieg etwas Schreckliches sei, und ich sei froh, daß China und die Vereinigten Staaten so freundschaftlich miteinander verkehrten. Die mittelalterlichen Englischlehrer klatschten Beifall und erklärten, daß jetzt, wo Amerika ihr Freund sei, alles viel besser sei als damals, als Rußland ihr Freund war.

Nach unserer zehnminütigen Teepause zwischen den beiden Stunden beschloß ich, sie die Bücher weglegen und ihre letzten Aufsätze mit dem Thema »Mein glücklichster Augenblick« laut vorlesen zu lassen. Alle hielten das für eine sehr gute Idee, aber niemand wollte den Anfang machen. Schließlich rief ich Lehrer Xu auf. Gottergeben ließ er sich darauf ein.

»Mein glücklichster Augenblick. Als ich ein junger Mann war, wohnte ich einer abendlichen Tanzveranstaltung bei. Wir waren alle ganz aufgeregt wegen dieser Tanzerei. Es wurde Musik gespielt, und die Sterne leuchteten hell. Da stand ein Mädchen, und ich wollte sie zum Tanzen auffordern, doch da ich schüchtern und ängstlich bin, wagte ich es nicht. Aber dann habe ich es doch getan, und wir tanzten. Ich wußte nicht, wie sie hieß. Wir sprachen nicht, wir tanzten nur. Wir tanzten im Kreis, immer rundherum, und die Sterne bewegten sich immer rundherum, und meine Wange berührte die ihre. Der Saal verschwand, die anderen Leute verschwanden, und ich sah nur noch die Sterne, die rundherum im Kreis tanzten. Danach habe ich sie nie wiedergesehen. Ich wüßte gerne, wo sie ist.«

Die anderen schnalzten in geheuchelter Mißbilligung über diese romantische Geschichte mit der Zunge und neckten ihn mit der Frage, ob er diesen Aufsatz seiner Frau gezeigt habe. Lehrer Xu lächelte zurückhaltend und meinte achselzuckend: »Sie kann kein Englisch lesen.«

Als nächsten forderte ich Lehrer Cai, der für seine wunderschöne Frau berühmt war, zum Vorlesen auf.

»In den fünfziger Jahren kamen viele Russen in unser Land, sogenannte Berater. Schrecklich war das! Sie waren nicht so freundlich wie die Amerikaner, lieber Lehrer Mark. Nein! Sie fuhren in großen, schwarzen Autos und hätten sich nie mit einfachen Leuten wie uns angefreundet. Ich glaube, sie waren nicht glücklich über ihren Aufenthalt in China. Sie veranstalteten große Tanzfeste, tranken Wodka und tanzten mit unseren chinesischen Mädchen und versuchten oft, sie zu küssen! Wir haßten diese Berater sehr, aber damals durften wir das nicht sagen, wir konnten nur dazu schweigen.«

Alle begannen gleichzeitig zu reden und ihm zuzustimmen, doch Lehrer Cai brachte sie zum Schweigen und fuhr fort: »Eines Tages, als ich gerade meiner Frau beim Kochen half, gab es eine herrliche Nachricht: Die Führer unseres Landes hatten die allgegenwärtigen sowjetischen Berater nach Hause geschickt. Als ich das hörte, war das mit Sicherheit mein glücklichster Augenblick.«
Fatty Du, die bei dem Gedanken an die Vertreibung der Russen strahlte, meldete sich freiwillig als nächste.
»Obwohl ich in Changsha wohne, habe ich nicht immer hier gelebt. Ich wurde im östlichen Teil unseres Landes in einem kleinen Dorf geboren. Während des Krieges war unser Leben furchtbar. Oft mußten wir vor den japanischen Soldaten in die Berge fliehen. Unser Dorf wurde viele Male zerstört, und jedesmal erfüllte Trauer unsere Herzen. Nach 1945 hat sich das Leben in unserem Dorf nicht sonderlich verbessert. Alle waren arm, und die Regierung der Kuomintang (= Nationale Volkspartei, Anm. d. Ü.) half den Menschen nicht. Wir alle waren ohne Hoffnung. Dann hörten wir von der Befreiung von Dörfern durch die Kommunisten und waren voller Hoffnung. Als die Kommunisten kamen und unser Dorf befreiten, erinnerte ich mich noch, daß wir die Soldaten willkommen hießen. Wie stolz und stark sie doch waren! Und wie glücklich und froh wir waren! Ich weiß noch, daß wir alle möglichen roten Gegenstände zusam-

mensuchten, sogar Papierfetzen, und damit winkten, als die Soldaten einmarschierten. Um meinen Hals trug ich ein rotes Tuch. Das war mein glücklichster Augenblick.«

Als nächsten rief ich Lehrer Zhang auf, bekannt für seine Angst vor Fatty Du. Zunächst weigerte er sich vorzulesen; er saß seitwärts auf seinem Stuhl und schüttelte den Kopf, sagte, er sei ein trauriger Mensch und könne sich an keinen glücklichen Augenblick erinnern. Aber seine Kollegen behaupteten hartnäckig, er habe einen Aufsatz geschrieben, und beschwatzten ihn, ihn vorzulesen.

»Ich liebe meine Eltern und meine Brüder und Schwestern sehr. Ich denke jeden Tag an sie. Nachdem ich meine Abschlußprüfung gemacht hatte, war ich stolz, und meine Familie freute sich für mich. Aber dann erhielt ich die schlimme Nachricht: Ich war der Medizinischen Hochschule von Hunan zugeteilt worden. Ich stamme aus Peking, weit weg von hier. Peking ist herrlich, und Hunan ist schrecklich. Das Wetter und die Situation ganz allgemein sind hier schrecklich.

Ich versuchte, die zuständigen Stellen dazu zu überreden, diese Entscheidung rückgängig zu machen, damit ich bei meiner Familie bleiben könnte, aber es war unmöglich; ich mußte gehen, wohin die Partei mich schickte. Als ich in den Zug stieg, wußte ich nicht, wann ich wieder zurückkommen würde, und so weinte ich tausend Meilen lang.

Einige Jahre später gab mir unsere Hochschule die Erlaubnis, meine Familie zu besuchen. Als der Zug in Peking ankam, stand meine ganze Familie am Bahnhof, um mich zu begrüßen. Ich hatte so viel zu berichten und hatte mir auf der langen Zugfahrt all die Geschichten überlegt, die ich ihnen erzählen wollte, doch als ich sie sah, brachte ich kein Wort über die Lippen. Ich stand nur da, und Tränen flossen mir aus den Augen wie Regen. Das war mein glücklichster Augenblick.«

Lehrer Zhu las als letzter vor.

»Meine Geschichte ist recht einfach, weil ich ein recht einfacher Mann bin. Im Winter 1975 fuhr ich nach Peking. Mein Verwandter in Peking lud mich in ein Restaurant ein, das für seine Peking-Ente berühmt ist. Es war ein kalter Tag, aber drinnen war es warm und behaglich! Wir setzten uns hin, und die Mahlzeit begann. Zuerst aßen wir kalte Gerichte wie marinierten Schweinemagen und Meergurken. Dann gab es gedämpften Fisch, und dann endlich kam die Ente! Die Haut war braun und glänzend und knusprig und löste sich in meinem Mund auf wie eine Wolke. Dazu gab es verschiedene köstliche Saucen, und wir legten jedes Stück Haut in einen *ping* – Lehrer Mark, was heißt *ping* auf englisch?«

»Wir nennen das Pfannkuchen.«

»Pfannkuchen. Wir rollten also jedes Stück Haut mit Sauce und Schalotten in einen Pfannkuchen. Danach aßen wir das Entenfleisch mit Gemüse.

Und zuletzt gab es Suppe aus Entenknochen und Obst.«

Er schien fertig zu sein, legte dann aber seinen Aufsatz nieder und lächelte mich einfältig an.

»Lehrer Mark, ich muß dir etwas gestehen. Diese Geschichte ist wirklich wahr, aber ich selbst bin nie in Peking gewesen. Kommst du drauf? Es war meine Frau, die nach Peking gefahren ist und diese Ente gegessen hat. Aber sie erzählt mir immer wieder davon, und obwohl ich nicht selbst da war, war das, glaube ich, mein glücklichster Augenblick.«

Pan

An einem Samstag im März klopfte einer meiner Medizinstudenten frühmorgens an meine Tür. Der kalte, gleichmäßige Nieselregen, der seit Januar fiel, hatte mich dazu veranlaßt, so lange wie möglich im Bett zu bleiben, als mich um zehn nach sieben lautstarkes Klopfen und die Stimme von Dr. Nie aus einem Traum rissen. An diesen Traum erinnere ich mich noch ganz deutlich. Ein Kader vom Amt für Öffentliche Sicherheit hatte mich mit den Füßen an ein gigantisches Riesenrad gebunden, so daß mein Kopf bei jeder Umdrehung über den Boden schleifte. Nachdem ich aufgewacht war, überlegte ich mir, ob ich mich nicht lieber ruhig verhalten und so tun sollte, als wäre ich nicht zu Hause, da mir um diese Zeit nicht danach zumute war, zu lächeln und grammatikalische Fragen zu beantworten. Da hörte ich Old Sheep zu Dr. Nie sagen, daß ich noch nicht aufgestanden sei und er ruhig lauter klopften sollte. Als das Pochen unerträglich wurde, stand ich auf. Ich machte mir nicht die Mühe, etwas über meine diversen Schichten wollener Unterwäsche zu ziehen, und versuchte,

möglichst wütend auszusehen, aber das schien Dr. Nie eher zu belustigen.
»Komm mit«, sagte er und lief die Treppe hinunter. An der Haustür angelangt, rief er herauf, ich solle mich beeilen. Ausgesprochen verärgert rief ich zurück, daß ich zu tun hätte. Das mache nichts, ihn störe es nicht, rief er, und dabei lachte er. Los, gehen wir! Ich sagte, ich würde Besuch erwarten und könne deshalb unmöglich das Haus verlassen. Das macht nichts, rief er und lachte. Los, gehen wir! Ich sagte, ich würde mich nicht recht wohl fühlen und ob wir nicht ein andermal spielen könnten. Das könnten wir außerdem, rief er und lachte. Komm schon, beeil dich! Ich zog etwas über, ging hinunter und flehte ihn an, mich in Frieden zu lassen, aber er packte mich am Arm und zog mich aus dem Haus.
»Hast du heute morgen grammatikalische Fragen, Dr. Nie?« fragte ich.
»Nein«, gab er zurück und führte mich zum Tor hinaus.
Ich war miserabler Laune, als wir um Viertel nach sieben am Morgen durch die Straßen liefen und der mit Regen vermischte Kohlestaub an uns hochspritzte. Ich konnte nur hoffen, daß dies hier ein Halbtagesausflug war und nicht einer jener ganztägigen englischsprachigen Marathonspaziergänge, die die hiesigen Studenten so lieben. Wenigstens war es Winter; wäre es draußen wärmer gewesen, wäre ich dazu verurteilt gewesen, mehrere Stunden

in einem gemieteten Ruderboot im Park der Märtyrer zu verbringen, getrocknete Melonenkerne zu knabbern und mich ohne die geringste Hoffnung auf eine Ablenkung oder Unterbrechung an »freier Rede« zu ergötzen. »Freie Rede« bedeutete unbarmherzige, intensive Konversation über absolute Banalitäten, die mich fast zum Wahnsinn trieb. Und dabei hilflos in der Mitte eines verschmutzten Teiches zu schwimmen machte die Sache noch schlimmer.

»Wohin gehen wir?« fragte ich.

»Eine Überraschung«, antwortete er, und bereits die Vorstellung, worum es sich handeln könnte, machte mich schaudern.

Zwanzig Minuten später erreichten wir das Tor des Sportzentrums der Provinz, eines riesigen Gebäudekomplexes für die Sportler von Hunan. Jede Provinz in China besitzt eine solche Einrichtung, in der die besten Sportler des Landes wohnen und trainieren. Sie erhalten dort auch eine allgemeine Ausbildung, allerdings in verknappter Form. Sie sind so etwas Ähnliches wie Profi-Sportler und verbringen die meiste Zeit mit ihrem Training.

Mir fiel ein, daß Dr. Nie auf Sportmedizin spezialisiert war und Angehörige des Sportzentrums bei besonders schweren Sportverletzungen operiert hatte. Er führte mich zu einem großen, fünfstöckigen Betonkasten, in dem es, der Anordnung der Fenster nach zu urteilen, im obersten Geschoß Trainingsräume gab. Wir stiegen die verdreckte, unbeleuchtete Treppe hinauf. Vor zwei riesigen Holztüren blieb Dr. Nie stehen, um den Augenblick zu genießen. Lächelnd wandte er sich um und bedeutete mir zu horchen. Durch die Türen drang ein mißtönendes Gemisch aus dumpfen Schlägen, Tritten und schwirrender Luft. Gerade als mir dämmerte, worum es sich handeln könnte, stieß er die Türen weit auf. Dahinter befand sich ein schäbiger Raum mit nackten Betonwänden und einem stumpfroten Teppich auf dem Boden.

Zehn oder elf junge Männer und Frauen in abgetragenen Trainingsanzügen standen an den Wänden und sahen dreien ihrer Kollegen schweigend bei einem heftigen bewaffneten Kampf zu. Zwei der Männer hatten knapp zwei Meter lange Holzstöcke und verteidigten sich gemeinsam gegen den dritten, der einen dreiteiligen Stock schwang – drei kurze, mit Ketten verbundene Stöcke. Nicht einmal in Filmen, in denen Trickaufnahmen und Trampolins zu Hilfe genommen werden, habe ich je etwas Vergleichbares gesehen. Ich spürte, wie sich mein Magen zusammenkrampfte, weil ich glaubte, einem der Kämpfer würde mit Sicherheit der Schädel von diesen Stöcken eingeschlagen, die so blitzschnell durch die Luft sausten, daß ich sie kaum sehen konnte. Plötzlich erstarrten die zwei mit den langen Stöcken in perfekter Übereinstimmung mitten in der Bewegung, bereit für den letzten Angriff. Spannung ergriff alle Anwesenden, und eine Sekunde lang herrschte absolute Stille. Dann ertönten plötzlich ein paar kurze Schreie, und die Kampfsportler stürzten sich wie wahnsinnig in die letzte Kampfrunde. Der Mann mit dem dreiteiligen Stock sprang in die Luft, rollte über den Rücken eines seiner Gegner ab und schwang seine Waffe über beider Köpfe. Gerade noch rechtzeitig wichen sie aus; nur Zentimeter von ihren Füßen entfernt krachte die Waffe mit solcher Wucht auf den Boden, daß dieser vibrierte und aus dem Teppich eine Staubwolke aufstieg. Ohne innezuhalten, wirbelten die drei herum und erstarrten erneut in einer Position konzentrierter Aufmerksamkeit, behielten sie kurz bei und ließen dann die Oberkörper fallen, um Atem zu schöpfen. Der zweite Trainer, eine zerbrechlich aussehende Frau Mitte Dreißig, ging zu den Kämpfenden hin, äußerte ein paar herbe Worte der Kritik über diese Form und forderte sie dann auf, Platz für die nächste Gruppe zu machen. Träge schleppten sich die drei Kämpfer, die eher Panthern als Menschen glichen, auf die Seite. Im selben Augenblick traten zwei junge Frauen in die Mitte des Raumes. Ihr Kampf sollte ohne Waffen vonstatten gehen.

Sie standen auf Armeslänge voneinander entfernt und schauten unverwandt geradeaus. Der Trainer stieß einen Schrei aus, und die zwei Frauen drehten ihre Köpfe und wechselten einen tödlichen Blick, bevor sie schlagartig zum Angriff übergingen. Die eine Frau war ziemlich groß und hatte langes, zu einem Knoten geschlungenes Haar. Die andere war klein; ihr dickes, schulterlanges Haar hing lose herab. Die große Frau leitete den Angriff mit einem Rückhandfaustschlag ein. Die kleine Frau bog sich zurück, so daß die Faust nur knapp ihre Kehle streifte, wirbelte gleichzeitig herum und sprang in die Luft, so daß ihr rechtes Bein einen schwungvollen Bogen beschrieb, der mit voller Wucht am Brustkorb der großen Frau endete. Beide schlugen zu Boden und blieben bewegungslos liegen. Dann schnellten sie, als hätten sie Stahlfedern unter dem Körper, in die Höhe und setzten ihren Kampf fort. Was mich am meisten an diesen beiden Frauen verblüffte, war ihre Kraft; sie schlugen mit einer Wucht zu, unter der ein kräftiger Mann zu Boden gegangen wäre. Vor allem die kleinere Frau kämpfte wie ein Teufel. Später erfuhr ich, daß sie in mehreren Filmen die Heldinnen in Kampfszenen gedoubelt hatte. Aber sie war noch nicht die Hauptattraktion an diesem Morgen.

Nachdem die Frauen ihren Kampf beendet hatten, führte mich Dr. Nie in den Trainingsraum. Die Männer beobachteten mich neugierig. Die Frauen kicherten und zogen sich in die hinterste Ecke zurück, von der aus sie mich verstohlen betrachteten und dann schnell wieder zu Boden blickten. Die zweite Trainerin kam auf uns zu, um uns zu begrüßen. Dr. Nie stellte sie als Little Liu vor und mich als den amerikanischen Professor Mr. Sima Ming (das ist mein chinesischer Name). Dieses Ritual mußte ich pro Tag mindestens einmal über mich ergehen lassen, denn in China ist es üblich, »distinguierte ausländische Gäste« höflich vorzustellen, was bedeutet, daß man ihre Verdienste maßlos übertreibt. Ich erklärte ihr, daß ich kein Professor, sondern lediglich ein Englischlehrer sei, und daß sie mich, da sie älter sei als ich, Little Sima nennen sollte; aber sie und Dr. Nie kamen überein, daß ich, da ich in Amerika studiert hatte, ein Professor, und da ich weitgereist sei und eine Menge Erfahrung gesammelt hätte, zumindest Mr. Sima Ming sein sollte.

Little Liu zeigte auf die Kampfkünstler. »Das sind die Mitglieder der *wu-shu*-Truppe der Provinz Hunan. Heute bist du unser Gast. Bitte scheue dich nicht, Fragen zu stellen, und äußere deine Kritik, um uns zu helfen, uns zu verbessern.«

»Wo ist er?« fragte Dr. Nie.

»Er wird bald kommen«, versicherte sie ihm, »aber er wollte nicht als erster da sein. Er wollte den Professor eine Weile warten lassen.« Liu forderte mich auf, auf einer der langen Holzbänke Platz zu nehmen, die die Wände des Trainingsraums säumten. »Jetzt werden sie ihre Einzelformen üben.«

Die Einzelformen beim *wu-shu* lassen sich am besten mit einer Bodenkür in der Gymnastik vergleichen; jede Form besteht aus einer zuvor festgelegten, von Meister und Schüler gemeinsam konzipierten Reihe von Bewegungen, die die Vielseitigkeit und die besonderen Stärken des Schülers am besten zur Geltung bringt – allerdings innerhalb der Grenzen des jeweiligen *wu-shu*-Stils. So darf, zum Beispiel, eine Form mit dem Teufelshaken keine Bewegungen enthalten, die für den Säbel charakteristisch sind. Jeder Stil hat sein eigenes Repertoire an Bewegungen und seinen besonderen Charakter, und diese zu vermischen gilt als Zeichen schlechten Geschmacks oder nachlässigen Trainings.

Zuerst führte einer der jungen Männer, die zuvor mit einem langen Stock gekämpft hatten, das »Betrunkene Schwert« aus. Bei diesem Stil muß der Kämpfer stolpern, schwanken, springen und hüpfen, als wär er betrunken, und gleichzeitig mit großer Geschwindigkeit das Schwert herumwirbeln, ohne auch nur einen Augenblick die Kontrolle darüber zu verlieren. Dann führte eine Frau mit einem dicken Zopf, der ihr bis zur Taille reichte, das Doppelschwert vor. Die beiden Klingen schwirrten durch die Luft, ohne sich ein einziges Mal zu berühren; sie beendete die Form, indem sie in die Luft sprang, die Schwerter kreuzte und im Spagat auf dem Boden landete. Nacheinander vollführten die Kampfsportler Formen mit Speeren, Hellebarden, Haken, Messern und mit bloßen Händen. Allein vom Zuschauen tat mir vor Aufregung der Magen weh. Weder hatte ich je zuvor so großartige Demonstrationen von Kampfkunst gesehen, noch hatte ich Gelegenheit gehabt, so phantastischen Kampfsportlern beim Training in nächster Nähe zuzusehen. Gerade als der letzte Mann eine Form mit einer neunteiligen Kettenpeitsche beendet hatte, klatschte jemand einmal in die Hände, und alle Kampfsportler stellten sich eilends in einer Reihe auf. Ich drehte mich um, um festzustellen, wer geklatscht hatte, und da sah ich zum erstenmal Pan. Ich erkannte ihn sofort als einen der Bösewichte aus *Shaolin Temple;* aus Zeitschriftenartikeln über diesen Film wußte ich, daß er die Kampfszenen choreographiert und dabei Regie geführt hatte. Dieser Film, zum Teil in dem echten Shaolin-Tempel gedreht, in dem seit mehr als fünfhundert Jahren chinesisches Boxen ausgeübt wird, zeigt Chinas berühmteste Kampfkünstler; er wurde von Filmstudios in Hongkong produziert und vertrieben. In Ostasien, wo er 1981 anlief, wurde er sofort ein Riesenerfolg und ist bis heute Chinas einziger Kassenrenner. Kurz nach meiner Ankunft in Changsha hatte ich von mehreren Leuten gehört, daß sich ein Mann, der mit diesem Film zu tun gehabt hatte, in Hunan aufhielt, doch hatte niemand ihn mit eigenen Augen gesehen, und man konnte sich nicht recht einigen, um wen es sich handelte. Einigkeit allerdings herrschte darüber, daß man eine einflußreiche »Hintertür« [»Durch die Hintertür« gehen bedeutet in China, daß man seine Beziehungen zu privaten Zwecken spielen läßt.] benötigte, um es zu schaffen, ihm vorgestellt zu werden, falls er sich überhaupt wirklich in Hunan aufhielt. Pan hatte aus jener Zeit, zu der Treffer mehr zählten als Punkte, einen gewaltigen Ruf als Kämpfer. Sein Spitzname, »Eiserne Faust«, bezog sich angeblich sowohl auf seine Persönlichkeit als auch auf seine Rechte, die er trainiert hatte, indem er eintausend- bis zehntausendmal am Tag gegen eine fünfzig Pfund schwere Eisenplatte schlug, die in einer Betonmauer verankert war.

Pan ging auf die Kampfsportler zu, musterte sie und sagte, sie sollten sich entspannen. Sie bildeten einen Halbkreis um ihn; einige verlagerten das Gewicht auf ein Bein oder verschränkten die Arme, aber die meisten blieben steif in gespannter Aufmerksamkeit stehen. Pans morgendliche Ansprache war zu leise, als daß ich sie hätte hören können, aber sein Gesichtsausdruck verriet eindeutig, daß er die Kampfsportler ermahnte, sich mehr Mühe zu geben, immer noch mehr Mühe, wo käme man sonst hin?

Er war etwa einen Meter siebzig groß, mittel bis leicht gebaut, hatte einen weit nach oben verrutschten Haaransatz und eine breite, narbenübersäte Nase; die Zähne des Oberkiefers standen so durcheinander, daß es aussah, als hätte er ein zweireihiges Gebiß, und als würde, wenn er zubiß und sich die erste Reihe Zähne ruinierte, die zweite nachrücken. Am bemerkenswertesten jedoch waren seine Augenbrauen. Sie verliefen zu den Schläfen hin kühn nach oben, so daß man den Eindruck hatte, als wäre er dauernd zornig; fast sah es aus, als trüge er eine Maske aus der Pekingoper. Als er einmal mit der rechten Hand auf einen Kampfsportler zeigte, sah ich, daß sie seltsam deformiert war. Dr.

Nie, der meine Gedanken erraten haben mußte, beugte sich herüber und sagte: »Das ist die Eiserne Faust.«

Pan sah furchteinflößend aus, doch das hervorstechendste Merkmal an ihm war, daß sich sein Gesichtsausdruck beim Reden lebhaft veränderte. Ich lebte nun schon seit acht Monaten in China, aber das war wohl das erste Mal, daß ich einen Chinesen sah, dessen Gesicht sich bewegte. Manchmal weiteten sich seine Augen vor Überraschung, dann verengten sie sich verärgert, oder sein Mund bebte vor Angst, so daß alle lachen mußten; dann wieder knirschte er mit den Zähnen und zog ein Gesicht, als gälte es, einen Mord zu rächen. Vor allem seine Augenbrauen waren so beweglich, daß ich überlegte, ob sie sich vielleicht gar bei einer Schlägerei durch einen Hieb gelockert hatten. Er forderte eine derartige Präsenz, daß während seiner Ansprache niemand zu atmen schien.

Endlich war er fertig. Wieder klatschte er in die Hände, worauf die Kampfsportler mit wenigen Sprüngen wieder ihre Plätze im Raum einnahmen, bereit, ihr morgendliches Training fortzusetzen. Er steuerte auf den hinteren Teil des Raumes zu, wo auf einem Holzgestell sämtliche Waffen lagen, und tat so, als würde er uns erst jetzt bemerken. Er zeigte Überraschung, breitete seine Handflächen zum Willkommensgruß aus und sagte zu Dr. Nie: »Warum hast du mir nicht gesagt, daß wir einen Gast haben?«

Wieder stellte mich Dr. Nie als Professor Mr. Sima Ming vor, wobei er diesmal hinzufügte, ich sei ein *wu-shu*-Experte und habe in China mehrere Vorstellungen mit großem Erfolg gegeben. »Der Professor hat, bevor er nach China kam, bereits neun Jahre lang chinesische Kampfkunst ausgeübt und ist nicht nur in unserer Hochschule, sondern auch vor dem Gouverneur von Hunan aufgetreten.« Während letzteres stimmte, stimmte weder, daß ich ein Experte war, noch daß der Erfolg meiner Vorstellungen der Qualität meines *wu-shu* zuzuschreiben war. Alles, was ein Ausländer vor einem chinesischen Publikum aufführt, wird mit donnerndem Applaus quittiert. »Besonders gut ist er in ›Betrunkene Faust‹.« In Wirklichkeit hatte ich sehr wenig Ahnung von Betrunkener Faust, aber da alle meine Auftritte nach üppigen Festessen stattfanden, zu denen Trinkwettbewerbe mit *pai-chiu* gehörten, wurde mein Herumschlagen meist als »Betrunkene Faust« interpretiert. Ich springe dabei über einen Tisch, stolpere über einen Stuhl und werfe ihn durch die Gegend, falle ein paarmal zu Boden, verprügle einen imaginären Gegner und gehe hinaus, um mich zu übergeben. Bevor ich das jedoch alles erklären konnte, wandte sich Dr. Nie an unseren Gastgeber und sagte: »Und das ist Meister Pan Qingfu. Es erübrigt sich, mehr über ihn zu sagen.« Pan streckte mir seine Hand entgegen. Sie war nicht deformiert, sondern lediglich mit dicken, schwärzlichen Hornhautschichten an Knöcheln und Fingergelenken verziert, die aussahen, als wäre die Haut dort versengt worden. Ich legte meine Hand in die seine, und zu meiner großen Verwunderung und Erleichterung schüttelte er sie behutsam. Dann setzten wir uns, und Pan fragte, wie es käme, daß ich Chinesisch spräche und in China lebte.

Während wir uns unterhielten, setzte die Truppe das Training fort – jetzt, wo Pan da war, noch verbissener als zuvor. Alle paar Minuten deutete Pan auf seine Stoppuhr, schüttelte den Kopf und fragte einen schlechten Kämpfer, ob er ein Schläfchen hielte oder trainierte. Eine der Frauen kritisierte er so heftig, daß ich glaubte, sie würde gleich in Tränen ausbrechen. Er ließ sie eine Bewegung, einen komplizierten Sprung, der in einer geduckten Stellung endete, so oft wiederholen, bis sie kraftlos zu Boden sank. »Wer ist der nächste?« rief er. Ein anderer Kampfsportler trat vor, wobei er aufpaßte, nicht auf die Frau zu treten, die sich auf die Seite schleppte. Keiner der Kampfsportler zuckte auch nur mit der Wimper, wenn er Anweisungen erhielt oder kritisiert wurde. Pan befahl, und sie gehorchten aufs Wort. Nicht einmal einen Seufzer hörte man; und so gehorchten sie, bis sie sich nicht mehr auf den Beinen halten konnten.

Nach etwa zwei Stunden war das morgendliche Training beendet. Pan ermahnte sie, am Nachmittag pünktlich zu erscheinen, und schien sie schon verabschieden zu wollen, als ein Lächeln über sein

Gesicht huschte. Er zeigte auf mich. »Bitte heißt unseren amerikanischen Freund willkommen.« Die Kampfsportler klatschten heftig und lächelten mit letzter Kraft. »Er hat neun Jahre lang *wu-shu* praktiziert – findet ihr nicht, daß er uns etwas zeigen sollte?« Das Klatschen ging in Begeisterungsgeschrei über. Ich spürte, wie mir das Blut aus dem Kopf wich, und ich hatte das Gefühl, ich würde umkippen, wenn ich aufstand. Sobald ich die Sprache wiedergefunden hatte, protestierte ich, doch davon wurde das Gejohle nur lauter. Dr. Nie, stets mein Freund in jeder Bedrängnis, verkündete, daß das nur Bescheidenheit sei und daß ich stark wie ein Löwe und schnell wie eine herabschießende Taube sei oder etwas Ähnliches, und schickte sich an, mich von der Bank hochzuziehen. Ich schaute Pan an; er lächelte mich an wie ein Wolf ein lahmendes Wild. Dann schoß mir das Blut in den Kopf zurück, und vor Wut sah ich beinahe doppelt. Ahnungslose Ausländer zu demütigen ist in China eine Art Volkssport, und es war mir klar, daß meine kleine Vorführung bald Legende sein würde. Aber ich saß in der Zwickmühle. Spielte ich mit, würde ich in die Lokalgeschichte als der Ausländer eingehen, der sich vor Pan Qingfu und der *wu-shu*-Truppe von Hunan lächerlich gemacht hatte; weigerte ich mich, würde man mich als den Ausländer in Erinnerung behalten, der das Sportzentrum von Hunan mit eingezogenem Schwanz verlassen hatte. Ich stand auf, und das Klatschen erstarb. Pan setzte sich und lächelte weiter. Ich erklärte, daß sich mein *wu-shu* nicht mit dem ihren vergleichen ließe, und fügte wahrheitsgemäß hinzu, daß ich mir nie hätte träumen lassen, je eine solche Meisterschaft, wie sie sie besaßen, zu erleben. Dann sagte ich, eine chinesische Form vorzuführen wäre reine Zeitverschwendung, da sie *wu-shu* so viel besser beherrschten. Ich sei gekommen, um von ihnen zu lernen. So sei es wohl besser, etwas vorzuführen, was sie sonst vielleicht nicht zu sehen bekämen. Ich erklärte ihnen, daß die Kampfsportler in Amerika unter dem Einfluß der verschiedenen asiatischen Kampfsportarten, des westlichen Boxens und afrikanischer Tanzrhythmen stünden. Daraus, so improvisierte ich, habe sich ein typisch amerikanischer Stil entwickelt, der sich »Straßenboxen« nennt. Ich begann, einen synkopierten Beat zu klatschen, fing an, mich in gemäßigtem Tempo zu bewegen, und steigerte es dann, wobei ich versuchte, das, was mir an gymnastischer Gewandtheit fehlte, durch ungezügelte Gewalt wettzumachen. Da ich damals keine gute Kondition hatte, hörte ich nach ein paar Minuten auf, weil ich Blut im Mund schmeckte. Die Kampfsportler klatschten jubelnd Beifall, und Dr. Nie schlug Pan vor Begeisterung auf die Schulter, aber dieser saß absolut bewegungslos da und lächelte undurchdringlich. An den Rändern meines Gesichtsfeldes wurde alles schwarz, und auch den Lärm hörte ich nicht mehr; ich sah nur noch Pan am Ende eines immer dunkler werdenden Tunnels. Er stand auf und kam auf mich zu, bis sein Gesicht dem meinen ganz nahe war. Sein Lächeln war verschwunden. Ganz leise sagte er: »Das ist nicht *gong fu.*« Wir schauten uns lange Zeit in die Augen, dann hob er eine Augenbraue. »Ich könnte das in Ordnung bringen, wenn du willst.« Ich muß genickt haben, denn er fragte mich, ob ich *chi ku* könne – bitter essen –, ein chinesischer Ausdruck, der soviel bedeutet wie Leid ertragen. Ich log und sagte ja. Dann fragte er mich, ob ich Angst vor Schmerzen hätte. Wieder log ich und sagte nein.

»Willst du?«

»Ich will«, sagte ich und wurde sein Schüler.

Ein Fischer

Eines Tages früh am Morgen lag dichter Nebel über der Stadt. Sofort kam mir der Gedanke, an den Fluß hinunterzugehen, um ihn mir einmal anzusehen. Ich tat ein paar gedämpfte Brötchen in einen kleinen Deckeltopf, stieg auf mein Fahrrad und fuhr bis ans Ende der Straße des Anti-Imperialismus. Dort lehnte ich das Rad an einen Baum, ging die Steinstufen in der Hochwassermauer hinunter zum Flußufer und setzte mich auf einen alten Autoreifen.

Ich hoffte, ich könnte sehen, wie der Nebel aufsteigt oder zumindest, wie die Sonne durchbricht und alles in Licht taucht. Aber nichts dergleichen geschah. Ich aß meine Brötchen und wollte eben aufbrechen, als etwas meine Aufmerksamkeit auf sich zog. Aus dem Nebel glitt ein winziger Kahn, in dem, langsam rudernd und vor sich hin singend, ein Fischer stand. Chinesische Ruderboote, unverändert seit Jahrhunderten, haben die Form von Zigarren mit einem gewölbten Dach aus geflochtenem Bambus an einem Ende. Ihre Ruder sind länger als die im Westen gebräuchlichen Ruder, so daß sie sich vor der Brust des Ruderers wie ein X überkreuzen. Der Ruderer steht mit dem Gesicht nach vorne am Heck des Bootes und hat die Ruder vor sich. Er schiebt sie durchs Wasser und zieht sie über der Wasseroberfläche zurück. Ganz in meiner Nähe hielt der Fischer an und holte sein Netz hervor, das ordentlich zu einer Kugel gefaltet war und an dem mehrere runde Metallgewichte baumelten. Er ging zum Bug des Bootes, stellte sich breitbeinig hin, holte Schwung und warf das Netz aus. Es wirbelte durch die Luft, wobei die Gewichte in verschiedene Richtungen flogen, so daß sich das Netz wie eine Blüte entfaltete, bevor es auf die Wasseroberfläche aufschlug und verschwand. Nachdem der Mann ein paar Minuten abgewartet hatte, holte er es ein, klaubte ein paar um sich schlagende Fische heraus und ließ sie in einen Eimer fallen. Sorgfältig faltete er das Netz wieder zusammen und schickte sich an, weiterzurudern. Als er die Ruder aufnahm, entdeckte er mich.

Ich kann nicht nachempfinden, was einem chinesischen Fischer oder Bauern durch den Kopf geht, wenn er zum erstenmal einen hellhäutigen Ausländer sieht, doch die physische Reaktion kann ich sehr wohl beschreiben: Er steht da wie gelähmt, und der Unterkiefer fällt ihm herunter. Genau das geschah an diesem Morgen, und erst, als die Strömung das Boot erfaßte und herumdrehen wollte, kam der Fischer zu sich und begann zu rudern. Langsam und noch immer mit offenem Mund, ruderte an mir vorbei, so nahe, daß ich erkennen konnte, daß er barfuß war, und das mitten im Winter, und daß seine Hände vom vielen kalten Wasser dunkel angelaufen und geschwollen waren. Als ich ihn anlächelte, strahlte er zurück und winkte so heftig, daß er beinahe aus dem Boot fiel. Ich grüßte ihn und fragte, ob ihm ohne Schuhe nicht kalt sei; da ließ er beide Ruder fallen und klatschte vor Begeisterung in die Hände. Offensichtlich konnte er einfach nicht glauben, daß ich chinesisch sprach. Dann hob er die Ruder wieder auf, ruderte wie ein Wilder zu der Stelle, an der ich stand, und streckte die Hand aus, um mir ins Boot zu helfen. »Komm!« rief er. »Ich muß dich meiner Familie zeigen!«

Anfangs zögerte ich, machte mir dann jedoch klar, daß ich mich nicht in New Haven befand und man mich wohl kaum ausrauben würde. Ich ergriff seine Hand und sprang ins Boot.

Wir ruderten etwa eine halbe Stunde flußabwärts, wobei wir uns die ganze Zeit unterhielten, wenngleich er manches mehrmals wiederholen mußte, bis ich ihn verstand. Er versuchte, mir zuliebe, Mandarin zu sprechen, aber wegen seines Changsha-Akzents war es fast unverständlich. Er war ganz begierig darauf, Lieder aus meinem Land zu hören. Ich sang ein paar Liedanfänge, während er ruderte, und fragte ihn, ob sie ihm gefielen.

»Sie sind nicht schlecht, aber nicht so gut wie die Volkslieder von Hunan!«

»Würdest du mir eines vorsingen?«
»Natürlich!«
Ich lehnte mich zurück und legte die Arme hinter den Kopf, während er sang. Seine brüchige Stimme war das perfekte Instrument für die hinreißend zarten Melodien, die ich unter gar keinen besseren Umständen hätte hören können.
Er unterbrach seinen Gesang, um mich auf etwas hinzuweisen. Ein Stück vor uns trieben in der Nähe des Flußufers fünf oder sechs mit Tauen verbundene Boote von derselben Art wie seines. »Meine Familie!« erklärte er und bat mich dann, unter das Bambusdach zu kriechen. »Komm erst heraus, wenn ich es dir sage!«
Er ruderte an die Flottille heran, machte sein Boot an einem anderen fest und wechselte ein paar Worte mit jemandem, bevor er mir zublinzelte und mich aufforderte, herauszukommen. Ich kroch heraus und stand auf. Zehn oder elf Männer und Frauen, junge und ältere, saßen um einen tragbaren Kohleherd und aßen ihre Vormittagsmahlzeit. Einer nach dem anderen blickte auf und wurde von lähmendem Erstaunen ergriffen – bis hin zum kleinsten Kind, das höchstens drei Jahre alt war und prompt in Tränen ausbrach. Mein Freund bog sich vor Lachen. »Das ist noch nicht alles – er kann sogar sprechen!« platzte er heraus, sobald er wieder ein Wort herausbrachte. Diesmal überwältigte ich sie damit, daß ich gleichzeitig lächelte und redete; die Wirkung war verblüffend. Bevor ich wußte, wie

mir geschah, wurde mehr Essen, als ich in einer Woche verkraften konnte, vor mir aufgebaut; die Männer drängten sich um mich, schüttelten mir die Hände und klopften mir vor Freude auf die Schultern, die Frauen stellten mir alle möglichen Fragen gleichzeitig, und die Kinder stellten sich drängelnd an, um mich anzufassen.

Mein Freund, der sich als Old Ding vorstellte, war der einzige, der annähernd so etwas wie Mandarin sprach; von dem, was die anderen sagten, verstand ich kein Wort. Aber ich lächelte ausgiebig, und das genügte. Ich wurde ihr neuer Freund, und sie gaben mir voller Ernst zu verstehen, daß alles, was ihnen gehörte, jetzt auch mir gehörte. An diesem Morgen lernte ich, diese Boote zu rudern, eine »Netzblume«, wie sie es nannten, zu werfen und die größeren Netze auszulegen, die von zwei, drei oder manchmal sogar sechs Booten eingeholt werden.

Gegen Mittag erinnerte ich Old Ding daran, daß ich um halb drei Uhr Unterricht halten und mich allmählich auf den Weg machen mußte. Er, einer seiner Brüder und ich sprangen in das kleinste Boot; nachdem ich mich von der Familie mit dem Versprechen wiederzukommen verabschiedet hatte, ruderten wir flußaufwärts. Der Hsiang fließt ziemlich schnell, und obwohl sich die Brüder abwechselnd kräftig in die Riemen legten, brauchten wir eineinhalb Stunden, bis wir den Stadtrand erreicht hatten, wo mein Fahrrad stand. Old Dings Bruder hatte einen Brustkorb wie ein Faß, ein

Gesicht voller Narben und einen Schnurrbart, der mich an Fu Manchu erinnerte. Er brummte eher, als daß er sprach, oder zumindest kam es mir so vor, und zwischendurch beugte er sich nach vorne, um mir auf die Schulter zu klopfen, wobei er mich jedesmal fast aus dem Boot beförderte. Er lächelte mich an, knirschte mit den Zähnen und brummte etwas.

»Was sagt er denn?« fragte ich Old Ding.

»Er sagt, er mag dich und möchte mit dir ringen! Mein Bruder ringt sehr gern!«

Bevor sie mich aussteigen ließen, bestanden sie darauf, mir noch etwas zu zeigen. In der Mitte des Flusses ankerte ein großes Baggerschiff, das den Schlick aus dem Flußbett heraufholte und auf flache Schleppkähne lud, die ihn ans Ufer brachten. Old Ding kannte die Mannschaft und schlug vor, hinzurudern und guten Tag zu sagen. Wir legten längsseits an dem Schiff an und kletterten leise an Bord. Kein Mensch sah uns, da die ganze Mannschaft unten in der Kabine war und *hsiu-hsi* hielt. Wir schlichen alle drei in die Kabine, erst die beiden Brüder, dann ich. Der Kapitän war der erste, der aufsah. Er öffnete den Mund, brachte jedoch kein Wort hervor; die Zigarette fiel ihm aus dem Mund in seine Schale mit Reis, wo sie laut verzischte. Nachdem der anfängliche Schock und die Begeisterung überwunden waren, zeigte mir der Kapitän sein Schiff. Er erklärte mir, daß er sich sehr gut an die amerikanischen Soldaten aus dem Zweiten

Weltkrieg erinnerte. Mit bewegter Stimme beteuerte er wieder und wieder, wie anständig es von ihnen gewesen sei, China zu helfen. Schließlich gelang es ihm, auf englisch »USA« zu sagen. Dabei reckte er anerkennend den rechten Daumen.

Schließlich verließen wir das Schiff, und die Brüder brachten mich dorthin, wo ich vor Stunden eingestiegen war. Doch sie ließen mich erst ans Ufer, nachdem ich die zwei größten Fische im Laderaum als Geschenk angenommen hatte. Im Boot stehend winkten sie, solange wir uns sehen konnten, und riefen mir nach, ich solle bald wiederkommen. Ich müsse nur am Fluß entlanggehen, dann würde ich sie schon finden.

Um nicht zu spät zum Unterricht zu kommen, fuhr ich direkt zum Hochschulgebäude. Es war nicht einfach, meinen Medizinstudenten zu erklären, warum ich zwei riesige Fische dabeihatte, die noch zuckten, als ich sie auf mein Pult legte. Jedesmal, wenn das neugierige Getuschel aufgehört hatte und wir uns unserer Lektion zuwandten, schnellte einer der Fische in die Luft und landete platschend auf dem Boden. Das wiederholte sich mehrere Male.

Auf dem Heimweg gab ich die Fische bei Lehrerin Wei ab. Als ich ihr von meinem Tag mit dem Fischer erzählte, nickte sie langsam, und sobald ich geendet hatte, lächelte sie.

»Die Fischer sind ausgesprochen ehrliche Leute, und sehr liebenswürdig. Du siehst, wie gut sie dich behandelt haben. Das ist chinesische Lebensart. Sie sind einfache Leute, aber sie haben bessere Umfangsformen als wir Intellektuellen, die wir inzwischen mißtrauisch und träge geworden sind.«

Zwei Stunden später kam sie mit einem zugedeckten Topf in mein Zimmer und stellte ihn auf meinen Schreibtisch. Er enthielt einen der Fische, perfekt zubereitet in einer würzigen Hunan-Sauce.

»Natürlich können wir Intellektuellen manches trotzdem ganz gut«, sagte sie und eilte hinaus.

Küssen

Es begann mit einer Diskussion über Nastassia Kinskys Lippen. In Changsha lief *Tess*, und so fragte ich die kleine Gruppe von Ärzten und Lehrern, die ich unterrichtete, was sie von diesem Film hielten. Wir hatten soeben eine ganz hervorragende Mahlzeit beendet, die ein Arztehepaar aus diesem Kurs zubereitet hatte, und saßen nun in deren kleiner Wohnung, tranken Tee und versuchten, die siebzehn Gerichte, die wir uns zu acht geteilt hatten, zu verdauen. Zunächst schlichen die Ärzte um den heißen Brei herum, bezeichneten den Film als »interessant« und »voller eindrucksvoller Charaktere«, gaben dann jedoch zu, daß er ihnen nicht sonderlich gefallen habe. Zu den Enttäuschungen dieses Films gehörte, wie sie sagten, daß Miss Kinsky nicht schön war.

»Das meint ihr doch nicht im Ernst«, sagte ich. Aber sie meinten es ernst; ihre Kritik betraf einen bestimmten Aspekt: Ihre Lippen waren zu groß.

»Sie sind nicht groß«, widersprach ich, »sie sind voll.«

»Dann sind sie eben zu voll«, entgegneten sie. Für

chinesischen Geschmack müssen die Lippen einer Frau schmal und zierlich sein. Ich erklärte ihnen, daß die Leute im Westen volle Lippen sehr gut finden. »Gut wofür?« fragten sie.
Chinesische Intellektuelle in mittleren Jahren reden nicht viel über das Küssen, wie ich feststellte. Schneidet jedoch ein Amerikaner dieses Thema an, handelt es sich um Kulturaustausch und kann im Namen internationaler Kooperation diskutiert werden.
»Zum Küssen«, sagte ich.
Sie brachen in schallendes Gelächter aus und einigten sich darauf, daß ich ein »sehr, sehr schlimmer Junge« sei. Da sie sich anscheinend in der rechten Stimmung für Kulturaustausch befanden, erwähnte ich, daß ich seit meiner Ankunft in China noch nie, nicht einmal in Filmen, gesehen hatte, daß sich zwei Leute küssen – mit Ausnahme von Müttern, die ihre kleinen Kinder küssen. Erstaunt rissen sie die Augen auf und nickten heftig.
»Natürlich nicht! Hier in China ist das ganz anders als in deinem Land. Hier küßt man sich nicht.«
Es fiel mir schwer, das zu glauben, und deshalb fragte ich sie, ob sie damit meinten, es würde überhaupt nicht geküßt oder nur in der Öffentlichkeit nicht. Offenbar hatte ich damit die Grenze des Kulturaustausches erreicht, denn plötzlich räusperten sich alle verlegen und gossen sich Tee nach. Da ich jedoch vermeiden wollte, daß das Gespräch wieder eine Kehrtwendung in Richtung »Kannst du

uns das Geheimnis verraten, wie man Englisch lernt?« nahm, hielt ich mich an unverfänglichere Fragen. »Wie steht es denn mit den Eltern? Küssen sie ihre Kinder, wenn sie groß sind?« Zwei der Ärzte sagten, nein, das täten sie nur, solange sie ganz klein sind. Kinder, die älter als zwei oder drei Jahre sind, sollte man nicht mehr küssen. Und damit endete unser Gespräch, denn der Sprecher des Kurses, ein Parteimitglied, zog eine englische Grammatik hervor und erläuterte einige Widersprüche, die ihm aufgefallen waren.

Als es auf zehn Uhr zuging, war ein Teil der Gäste bereits nach Hause gegangen, so daß nur noch die Gastgeber, ich selbst und Lehrer Liu dasaßen. Ich fand es merkwürdig, daß ausgerechnet Lehrer Liu dageblieben war, denn von allen Schülern in diesem Kurs war er der schüchternste und hatte die meisten Hemmungen, Englisch zu sprechen. Er schrieb recht ordentlich, aber seine Stimme hatte ich während des ganzen Semesters nicht öfter als drei- oder viermal gehört; und auch an diesem Abend hatte er nichts gesagt, sondern hatte die ganze Zeit schweigend dagesessen und zu Boden geblickt. Er wirkte sanft und freundlich, hatte angegrautes Haar, und seine Nase leuchtete rötlich, sobald er einen Fingerhut voll *pai-chiu* getrunken hatte. Jetzt, nachdem die ungehemmten Redner gegangen waren, wollte ich mich gerne mit ihm unterhalten. Er lehnte es jedoch ab, meine Fragen zu beantworten, blickte noch konzentrierter zu Boden, lächelte und winkte ab. Offenbar schämte er sich wegen seines bescheidenen Englisch. Dann entschuldigte sich das Gastgeberehepaar und zog sich in die Küche zum Aufräumen zurück, forderte uns jedoch auf, so lange zu bleiben und Tee zu trinken, wie wir wollten. Ich wartete darauf, daß Lehrer Liu Anstalten zum Gehen machte, aber er rührte sich nicht von der Stelle. Die beiden verließen das Zimmer. Ich merkte Lehrer Liu an, daß er über etwas nachdachte, und versuchte, es schweigend in Worte zu fassen. Ich sagte auf chinesisch, er könne jetzt, nachdem die englische Party vorüber sei, getrost Chinesisch sprechen, aber er gab mir mit einer Geste zu verstehen, ich solle Geduld haben. Dann sagte er sehr, sehr langsam und jedes einzelne Wort betonend: »Lehrer Mark, erinnerst du dich, wir sagten, daß wir unsere Kinder nicht mehr küssen, wenn sie groß sind. Du bist ein ehrlicher Mann und du bist mein Lehrer. Also muß ich als dein Schüler auch ehrlich sein. Was das Küssen betrifft, stimmt das nicht immer. Ich habe zwei Töchter. Die eine ist zwölf und die andere zehn. Ich kann sie nicht küssen, weil sie das in Verlegenheit bringen würde und weil sie mich einen Dummkopf nennen würden. Aber jeden Abend, wenn sie eingeschlafen sind, gehe ich in ihr Zimmer, um das Licht zu löschen. Und dann küsse ich sie ganz leise, ganz zart, ohne daß sie es wissen.«

Ein Selbstmord

Old Sheeps Pflichten verschafften ihr zusätzlich zu unseren Zimmerschlüsseln täglich Gelegenheit, uns besser kennenzulernen. Wenn sie frühmorgens hereinkam, um Staub zu wischen und meine Thermoskanne mit heißem Wasser zu füllen, verbreitete sie eine solche Unruhe und machte so viel Lärm, daß ich mich unweigerlich von meiner Arbeit abgelenkt und in eine Unterhaltung mit ihr verwickelt sah. Sie trug stets eine weiße OP-Haube, die sie halb über die Augen gezogen hatte, entblößte bei ihrem breiten Lächeln kräftige Zähne und schleppte mehrere Blecheimer, die beim Gehen aneinanderschepperten. Sie platzte durch die Tür mitten ins Zimmer, begrüßte mich auf Mandarin – »Ni hao!« –, wobei sie jede Silbe mit ihrer Donnerstimme mehrere Sekunden lang hinauszog, wartete auf meine Antwort und lachte dann, daß die Wände wackelten. Nachdem sie sich auf diese Weise ausgetobt hatte, fragte sie mich normalerweise, was ich zum Frühstück gegessen hatte, erklärte mir, daß es nicht annähernd genug sei und daß ich zu viel arbeite, und hinterbrachte mir dann den neuesten Klatsch.

Natürlich packte mich die Neugier, als sie eines Tages leise in mein Zimmer kam, gedämpft »Ni hao« sagte und nicht lachte, als ich antwortete. Ich fragte sie, was denn los sei; sie kam näher heran, so daß sie flüstern konnte.
»Selbstmord«, sagte sie.
»Wer denn?«
»Eine Frau von unserer Hochschule, nur ein paar Häuser weiter. Sie haben sie gerade gefunden.«
Hastig begann sie abzustauben. Ohne mich anzusehen, sagte sie: »Ich möchte heute zeitig mit meiner ganzen Arbeit fertig werden, damit ich nicht mehr nach draußen muß, wenn es dunkel wird.«
»Und warum nicht?«
Verlegen legte sie die Hand auf den Mund. »Ich fürchte mich vor Geistern. Natürlich soll man nicht an Geister glauben, aber Angst habe ich trotzdem vor ihnen. Der Geist eines Selbstmörders wandert nachts umher.«
Neuigkeiten verbreiten sich in China in Windeseile, und als ich um halb neun Uhr den Unterrichtsraum betrat, standen die Ärzte aufgeregt flüsternd beisammen. Ich fragte nach Einzelheiten, erfuhr jedoch lediglich, daß die Frau, eine Büroangestellte in mittleren Jahren, sich im Büro ihres Vorgesetzten erhängt hatte. Nach der Stunde blieb ein Arzt noch da, um die Tafel abzuwischen. Ich fragte ihn, ob er eine Ahnung hätte, warum sich die Frau das Leben genommen hatte. Er blickte sich um und sagte dann leise, genau wisse er es natürlich nicht, aber es

gehe das Gerücht, daß ihr Vorgesetzter sie seit vielen Jahren schlecht behandelt habe. Sie hatte sich wohl beschwert, aber niemand wollte die Verantwortung für eine Untersuchung auf sich nehmen, und deshalb soll sie sich in ihrer Verzweiflung umgebracht haben.

»Glaubst du, daß das stimmt?« fragte ich.

»Niemand weiß, was wirklich passiert ist.«

»Aber glaubst du, daß es stimmt?«

Es dauerte eine Weile, bis er antwortete. »Vielleicht.«

»Und was passiert mit dem Vorgesetzten, wenn sich das Gerücht bestätigt?«

Er runzelte die Stirn. »Er ist Parteimitglied. Aber wie dem auch sei, das ist nicht das Entscheidende.«

»Was ist denn das Entscheidende?«

Er sah mich verwundert an, als läge die Antwort auf der Hand. »Das Entscheidende ist, was jetzt mit ihrer Familie geschieht.«

Ich begriff nicht, was er meinte. Geduldig erklärte er mir, daß nach chinesischem Recht die meisten Selbstmorde als Verbrechen gegen den Sozialismus und die Kommunistische Partei gewertet werden. Wenn jemand sich das Leben nimmt, werden oft die Angehörigen bestraft, da man davon ausgeht, daß sie den »falschen Gedanken«, der zum Selbstmord geführt hat, entweder geduldet haben oder davon beeinflußt worden sind. Mein Schüler sagte mir, daß die Kinder dieser Frau kaum eine Chance hätten, einen Arbeitsplatz in unserer Einheit zu bekommen, wenn sie in das entsprechende Alter kämen – ein folgenschweres Urteil, da es äußerst schwierig für sie werden würde, anderswo Arbeit zu finden, weil alle Einheiten selbst viel zu viele junge Leuten haben, für die sie Arbeitsplätze schaffen müssen.

Es vergingen vier Tage, in denen es der Familie der Frau untersagt war, eine wie auch immer geartete Gedächtnisfeier abzuhalten, und man berichtete mir, daß nur wenige es wagten, der Familie einen Kondolenzbesuch abzustatten. In meinem Unterricht sprach niemand über sie, obwohl offensichtlich war, daß dieser Vorfall alle beschäftigte.

Am fünften Tag wurde ein Plakat am Tor der Hochschule aufgehängt. Die Führer hatten ihre Entscheidung kundgetan: »Obwohl Genossin M.s Selbstmord der falsche Weg war, stellt er kein Verbrechen gegen den Sozialismus oder die Chinesische Kommunistische Partei dar, weil sie keinen Brief hinterließ, in dem sie der Partei oder einem ihrer Vertreter die Schuld für ihre Verzweiflung zuweist – ein Indiz dafür, daß ihre Probleme nicht politischer, sondern persönlicher Natur waren. Eine gründliche Untersuchung des Falles hat ergeben, daß ihr Vorgesetzter L. tüchtig und ohne jede Schuld ist. Die Tatsache, daß Genossin M. sich im Büro ihres Vorgesetzten erhängt hat, ist auf Mißverständnisse ihrerseits zurückzuführen.«

Umgehend wurde eine Trauerfeier abgehalten, und das Haus der Toten füllte sich mit Freunden und

Nachbarn, die beim Kochen und Vorbereiten halfen. In den folgenden Tagen sprachen meine Schüler liebevoll über sie, da sie zu Lebzeiten sehr beliebt gewesen war, und alle stimmten darin überein, wie tragisch es doch war, daß sie diesen Mißverständnissen zum Opfer gefallen war.

Unterricht

Ein Garten

Eine Kurzgeschichte

»Mei pan-fa«

Eine Gespenster-geschichte

Unterricht

Ich sollte mich an vier Abenden in der Woche mit Pan im Trainingsraum treffen, um, nachdem die Kampfsportler ihr abendliches Training absolviert hatten, Privatunterricht zu erhalten. Sie winkten und wünschten mir eine gute Nacht, gingen dann höflich hinaus und schlossen hinter sich die Holztüren, so daß Pan und ich allein im Raum waren. Als erstes erklärte er mir, ich müsse ganz von vorne anfangen. Er meinte es ernst damit, denn an diesem Abend und an vielen darauffolgenden lernte ich, vollkommen aufmerksam zu stehen. Pan stellte sich nur wenige Zentimeter vor mir auf, schrie »Aufrechtstehen!« und durchbohrte mich dann mit seinem furchteinflößenden Blick. Er verlangte von mir, ihm, solange er vor mir stand, direkt in die Augen zu sehen und seinen Blick mit gleicher Intensität zu erwidern. Nach einer vollen Minute dieser schweigenden Tortur rief er dann »Entspannen!«, und ich durfte mich etwas entspannen, ohne allerdings zu lächeln oder die Augen von ihm abzuwenden. Wir wiederholten diese Übung unzählige Male, und ich mußte sie auch noch vier bis sechs Stunden am Tag trainieren. Damals fragte ich mich, was diese Anstarr-Wettbewerbe mit *wu-shu* zu tun hatten, erkannte jedoch allmählich, daß alles, was Pan mir später beibringen sollte, im Grunde in diesen ersten paar Wochen, in denen wir uns gegenseitig anstarrten, enthalten war. Seine Kunst bezog ihre Kraft aus seinen Augen; und auf diesem Weg gab er sie weiter.

Nach einigen Wochen begann es mir Spaß zu machen, ihn anzustarren. Der Schweiß brach mir aus, und ich spürte eine Art Hitzewelle durch den Boden in meine Beine und bis hinauf ins Gehirn strömen. Er erklärte mir, daß ich, wenn wir so dastünden, jederzeit kampfbereit sein müßte, denn er könne jeden Augenblick angreifen, und ich sollte darauf gefaßt sein, mich zu verteidigen. Ich fand es spannend, seinem Blick standzuhalten, seine Kraft zu spüren und die Angst und den Vorgeschmack auf den Schlag zu schmecken. Doch es vergingen Tage und Wochen, ohne daß der Schlag kam.

Eines Abends beendete Pan den Unterricht frühzeitig und erklärte mir, heute sei ein besonderer Abend. Ich folgte ihm aus dem Trainingsraum, und wir legten mit dem Fahrrad die kurze Strecke bis zu seiner Wohnung zurück. Er wohnte mit seiner Frau und seinen zwei Söhnen im fünften Stock eines großen, anonymen Betonblocks. Wie alle Wohnsiedlungen, die heutzutage in China entstehen, war das Gebäude gnadenlos zweckmäßig, von außen ausgesprochen deprimierend und durch nichts von den umstehenden Häusern zu unterscheiden. Pans Wohnung bestand aus drei Zimmern und einer kleinen Küche. Ein eigenes Badezimmer und gestrichene Betonwände – anstelle der sonst üblichen nackten – in allen Zimmern ließen erkennen, daß hier eine bedeutende Familie wohnte. Der einzige Schmuck in der Wohnung bestand aus ein paar Seidenwimpeln, Trophäen und Photographien aus Pans Zeit als nationaler *wu-shu*-Champion und von den Filmaufnahmen zu *Shaolin Temple*. Pans Frau, eine Ärztin, begrüßte mich mit allen möglichen selbstgemachten Kleinigkeiten und bat mich, an einem für zwei Personen gedeckten Tisch Platz zu nehmen. Pan setzte sich mir gegenüber und schenkte zwei Gläser *pai-chiu* ein. Er rief seine Söhne, die sofort aus dem Schlafzimmer kamen. Schweigend standen sie da, bis Pan sie aufforderte, mich zu begrüßen, was sie auch sehr höflich, aber so leise taten, daß ich sie kaum verstehen konnte. Es waren hübsche Jungen. Der ältere, etwa vierzehn, war größer als ich und hatte einen Oberlippenbart. Ich versuchte, ihnen ein paar Fragen zu stellen, um sie aus ihrer Reserve zu locken, aber ihre Antworten bestanden nur aus Nicken. Offensichtlich hatten sie keine Ahnung, wie sie sich bei jemandem wie mir benehmen sollten, und wollten vor ihrem Vater nichts falsch machen. Pan forderte sie auf, gute Nacht zu sagen, worauf sie zusammen mit seiner Frau im Schlafzimmer verschwanden. Dann erhob er sein Glas und meinte, jetzt könne der Abend beginnen.

Er erzählte mir Geschichten, die mir die Haare zu Berge stehen ließen, erzählte sie derart temperamentvoll, daß ich glaubte, das ganze Haus müsse einstürzen. Wenn er zu den Stellen kam, an denen er seine Feinde zerschmetterte, ließ er seine fürchterliche Hand auf den Tisch oder gegen die Wand krachen, daß die liebevoll zubereiteten Happen aus ihren Schüsseln hüpften. Seine Imitationen von Feiglingen und Kraftprotzen waren so komisch, daß ich vor Lachen kaum noch Luft bekam. Drei geschlagene Stunden lang hielt er mich in seinem Bann; dann kam seine Frau herein, um nachzusehen, ob wir noch etwas zu essen oder *pai-chiu* brauchten. Ich ergriff die Gelegenheit, um sie zu fragen, ob sie je Angst um ihren Mann gehabt hätte, zum Beispiel, wenn er allein loszog, um eine Bande von Strolchen in Shen-yang fertigzumachen. Sie lachte und strich über seine rechte Hand.

»Manchmal habe ich schon damit gerechnet, daß er spät zum Abendessen kommen würde.«

Pans Gesicht strahlte ungeheure Befriedigung aus. Er stand auf und entschuldigte sich kurz. Sie setzte sich auf seinen Stuhl und sah mich an.

»Er bekommt jeden Tag Mengen von Briefen aus ganz China, von Leuten, die seine Schüler werden wollen. Seit er diesen Film gemacht hat, kann er untertags kaum aus dem Haus gehen.« Sie füllte unsere Trinkschalen nach, dann sah sie mich wieder an. »Seit mehr als fünfundzwanzig Jahren hat er professionelle Kampfsportler trainiert, aber in

dieser ganzen Zeit hat er nur einen einzigen Privatschüler angenommen.« Nach einer langen Pause deutete sie mit dem Kinn auf mich. »Dich.«
Im selben Augenblick kam Pan zurück, setzte sich wieder und begann mit einer neuen Geschichte. Diese handelte von einem Speer.
Als Pan noch ein junger Mann war und für den nationalen *wu-shu*-Wettbewerb trainierte, hörte er durch Zufall, wie sich ein paar seiner Kollegen über die Glaubwürdigkeit einer alten Geschichte stritten. Es war die Geschichte eines berühmten Kriegers, der angeblich ohne Pause tausend Speerwürfe hintereinander ausführen konnte. Einige der Kampfsportler hielten das für unmöglich; nach fünfzig tun einem die Schultern weh, und bei hundert bekommt man an der linken Hand, die den Speer führt, während die rechte ihn vorschiebt, dreht und wieder zurückzieht, die ersten Blasen. Pan war der Meinung, dieser Krieger hätte sich sicher nicht von schmerzenden Schultern und Blasen einschüchtern lassen, und so sah er sich bald herausgefordert, es ihm gleichzutun. Am nächsten Tag ging Pan mit einem Speer hinaus auf ein Feld und warf ihn vor den Augen der anderen Kampfsportler eintausendundsiebenmal, ohne eine einzige Pause einzulegen. Gewisse Einzelheiten dieser Geschichte, wie Pan sie erzählte – daß die Knochen seiner linken Hand offenlagen und so weiter –, mag man vielleicht in Zweifel ziehen, aber ich bin sicher, daß die Anzahl der Würfe stimmt; und das Narben-

gewebe an seiner linken Hand läßt darauf schließen, daß sie ihm nicht leichtgefallen sind.

Als ich mich eines Abends ein paar Monate später wegen meiner geringen Fortschritte bei einer *chang-ch'uan* oder »Lange Faust« genannten Form des nördlichen Shaolin-Stils ziemlich entmutigt fühlte, fragte ich Pan, ob er meine, ich solle mit dem Training aufhören. Er runzelte die Stirn (das war das einzige Mal, daß ich ihn wirklich wütend auf mich erlebt habe) und sagte ganz ruhig: »Wenn ich sage, daß ich etwas tun werde, dann tue ich es, genau wie ich gesagt habe. In meinem ganzen Leben habe ich nie etwas angefangen, ohne es zu Ende zu führen. Ich sagte, daß ich in der Zeit, die uns zur Verfügung steht, dein *wu-shu* mehr verbessern werde, als du dir vorstellen kannst, und genau das werde ich tun. Deine einzige Verpflichtung mir gegenüber besteht darin, zu üben und zu lernen. Meine Verpflichtung dir gegenüber ist sehr viel größer! Jedesmal, wenn dir deine Aufgabe schwierig vorkommt, bedenke, um wieviel schwieriger die meine ist. Denke immer daran: Wenn du versagst« – hier machte er eine Pause, um sicherzugehen, daß ich ihn verstand –, »verliere ich das Gesicht.« Obwohl meine Verpflichtung ihm gegenüber lediglich darin bestand, zu üben und zu lernen, hatte er ein Anliegen, mit dem er mich heftig bedrängte: Ich sollte ihm Englisch beibringen. Ich war froh, daß ich ihm auch etwas bieten konnte, bereitete eilends

Unterrichtsmaterial für den Anfang vor und fuhr zur ersten Stunde zu ihm. Als ich in die Wohnung kam, stand auf einem kleinen Tisch ein Tonband, und daneben lagen ein Stoß überdimensionaler Papierbogen und ein paar bunte Filzstifte. Pan zeigte keinerlei Interesse an meinen Büchern, sondern ließ mich neben dem Tonband Platz nehmen und deutete auf den Stapel Papier. Auf jedes Blatt hatte er auf chinesisch Dutzende von Sätzen und Ausdrücken geschrieben, etwa »Wir brauchen da drüben einen Scheinwerfer«, »Diese Matten federn nicht genug« und »Mach dir keine Sorgen, die Schulter ist nur ausgekugelt«. Er forderte mich auf, neben jeden Satz die englische Übersetzung zu schreiben, was mehr als zweieinhalb Stunden in Anspruch nahm. Als ich damit fertig war, fragte ich ihn, ob er meine Handschrift lesen könne. Er lächelte und meinte, er sei sicher, daß meine Handschrift in Ordnung sei. Da ich durch eine Reihe behutsamer Fragen jedoch zu dem Schluß gelangte, daß er das Alphabet überhaupt nicht kannte, legte ich ihm nahe, sich das von mir vorbereitete Material einmal anzusehen.

»Das ist zu langsam für mich«, entschied er. Er bat mich, jeden Satz, den ich aufgeschrieben hatte, fünfmal auf Band zu sprechen und dazwischen ausreichend lange Pausen zu machen, so daß er ihn mir laut nachsprechen könne. »Das erstemal solltest du ganz langsam lesen, immer nur ein Wort und danach eine Pause, so daß ich es wiederholen kann.

Beim zweitenmal machst du es ebenso. Beim drittenmal machst du nach jedem zweiten Wort eine Pause. Beim viertenmal liest du langsam ohne Unterbrechung. Und beim fünftenmal kannst du schnell lesen.«

Mit einem Blick auf den Papierstapel überschlug ich, wie lange das dauern würde, und fragte, ob wir nicht die Hälfte heute und die Hälfte morgen machen könnten, da es nur noch drei Stunden bis zum Abendessen waren.

»Keine Sorge!« meinte er strahlend. »Ich habe schon etwas zu essen für dich vorbereitet. Du brauchst es mir nur zu sagen, wenn du Hunger bekommst.« Er setzte sich neben mich, schaltete das Tonband ein und dann wieder aus. »Was heißt, ›Und jetzt bringt Mark mir Englisch bei‹?«

Ich sagte es ihm und wiederholte den Satz, zuerst langsam, dann schneller, mindestens zwanzigmal. Er schaltete das Tonband ein. »Und jetzt bringt Mark mir Englisch bei.« Ich las den ersten Satz, fünfmal, wie gewünscht; da schob mir Pan einen kleinen Zettel hin, auf dem stand: »Lies ihn lieber sechsmal und ein bißchen langsamer.«

Nach mehreren Wochen, in denen wir die Möglichkeiten feststehender Redewendungen unserer beiden Sprachen nahezu erschöpft hatten, verkündete Pan, daß es nun an der Zeit sei, etwas anderes zu machen. »Jetzt möchte ich Standardformen lernen.«

Ich verstand nicht, was er damit meinte. »Standardformen?«

»Ja. Alles, die Sprache eingeschlossen, ist wie *wushu.* Zuerst lernt man Grundbewegungen oder Wörter, und dann hängt man sie aneinander und bildet Standardformen.«

Aus seinem Schlafzimmer holte er ein riesiges, aus kleinen Blättern zusammengeklebtes Stück Papier. Darauf sollte ich eine Geschichte schreiben. Er hatte an *Wie Yü Gung den Berg versetzte* gedacht, eine berühmte chinesische Volkssage. Die Geschichte berichtet von einem alten Mann, der sich folgendes überlegt hatte: Wenn sich an der Stelle, an der jetzt ein Berg stand, Felder befänden, hätte er genug bebaubares Land, um seine Familie gut zu ernähren. Also ging er mit Schaufel und Eimer hinaus zu dem Berg und fing an, ihn abzutragen. Seine Nachbarn machten sich lustig über ihn und nannten es ein unmögliches Unterfangen; aber Yü Gung widersprach: Es würde eben nur lange dauern, doch nach mehreren zig Generationen würde aus dem Berg schließlich ein Acker werden, und dann könnte seine Familie gut davon leben.

Pan ließ mich diese Geschichte in großer Schrift aufschreiben, so daß er sie sich an die Schlafzimmerwand hängen und sich, wenn er im Bett lag, dazu das Tonband anhören konnte, das ich besprechen sollte. Nicht genug damit, daß ich diese Geschichte mehrere Dutzend Male auf Band sprach – zuerst Wort für Wort und dann weiter wie gehabt –, sondern Pan lud eines Abends auch noch Bill, Bob und Marcy zum Abendessen ein und bat sie, die

Geschichte ebenfalls noch ein paarmal zu lesen, um für etwas Abwechslung zu sorgen. Nachdem sie damit fertig waren, sagte Pan, er würde ihnen gerne einige Sätze vorsprechen, die sie sich anhören und korrigieren sollten. Er entschied sich für ein paar seiner Lieblingssätze und ratterte sie sieben- oder achtmal ohne Unterbrechung herunter. Er war derart konzentriert bei der Sache, daß wir uns nicht zu bewegen wagten, um ihn nicht zu stören. Als er endlich fertig war, sah er mich an und fragte leise, ob es in Ordnung gewesen sei. Ich nickte, und er wirkte ungeheuer erleichtert. Lächelnd zeigte er auf mich und sagte zu meinen Freunden: »Ich bin sehr nervös gewesen. Ich wollte nicht, daß er sein Gesicht verliert.«

Während Pan sich damit abmühte, englische Sätze auswendig zu lernen, begann er mich in der Handhabung traditioneller Waffen zu unterweisen. Das ging so vor sich, daß er mir eine einzelne Bewegung beibrachte und sie mich dann so lange üben ließ, bis ich sie zehnmal nacheinander ohne Fehler ausführen konnte. Dabei stand er stets mit verschränkten Armen etwa eineinhalb Meter von mir entfernt, knirschte mit den Zähnen und ließ mich nicht eine Sekunde aus den Augen. Eines Abends im Spätfrühling hatte ich ungewöhnlich große Schwierigkeiten, eine Bewegung mit dem Stock zu erlernen. Ich schwitzte heftig, und meine rechte Hand blutete, so daß der Stock rutschig wurde und schwer unter Kontrolle zu halten war. Ein paar von den

Kampfsportlern blieben nach dem Training meistens noch da, um zuzusehen und sich an dem frischen Wind zu erfreuen, der manchmal durch den Trainingsraum wehte. Pan unterbrach mich und gab mir zu verstehen, daß ich nicht hart genug arbeitete.

»Stell dir vor«, sagte er, »daß du am Landeswettbewerb teilnimmst und daß diese Kampfsportler deine Gegner sind. Du mußt aussehen, als wüßtest du, was du tust! Erschrecke sie mit deiner Kraft und Zuversicht.«

Mit der ganzen Zuversicht, die ich unter diesen Umständen aufbringen konnte, legte ich mich ins Zeug. Ich verlor die Kontrolle über den Stock, so daß er mir direkt gegen die Stirn prallte. Wie in einem Traum kam mir der Boden entgegen, und dann saß ich da und schaute zu Pan auf, während mir Blut über die Nase lief und sich eine fleischige Beule zwischen den Augenbrauen bildete. Die Kampfsportler sprangen herbei, um mir aufzuhelfen. Sie waren ganz aufgeregt, weil sich noch nie zuvor ein Ausländer in ihrem Trainingsraum selbst außer Gefecht gesetzt hatte. Pan hingegen machte, nachdem er gefragt hatte, ob alles in Ordnung sei, einen durchaus erfreuten Eindruck. »Schweiß und Blut, das ist gut.«

Gelegentlich hielt Pan es für notwendig, seinen Schülern etwas zum Nachdenken zu geben, um sie zu größerem Einsatz anzuspornen. Während des

morgendlichen Trainings übten zwei Frauen eine Form, wobei die eine mit einem Speer bewaffnet war, die andere mit einer *ta-dao*, einer Hellebarde. Die *ta-dao* ist knapp zwei Meter lang und besteht aus einem an einem dicken Holzstock befestigten breiten Schwert mit einem gefährlich aussehenden Dorn am oberen Ende. Sie wiegt schwer und ist selbst für einen starken Mann schwierig zu schwingen, so daß es mich überraschte, diese junge Frau, die nicht mehr als fünfundvierzig Kilo wiegen konnte, so gewandt damit umgehen zu sehen. Einmal während des Kampfes schwang die Frau die *ta-dao* nach unten, als wolle sie ihrer Gegnerin die Füße absäbeln, aber diese sprang gerade noch rechtzeitig hoch, um dem Hieb auszuweichen. Ohne die *ta-dao* abzusetzen, holte die erste Frau zum nächsten Schlag aus, den sie so führte, als wolle sie die andere an der Taille in zwei Hälften zerteilen. In letzter Sekunde knickte ihre Gegnerin blitzschnell in den Hüften ab, so daß die *ta-dao* mit knapp drei Zentimetern Abstand über ihren Rücken und den Kopf hinwegsauste. Diese Bewegungskombination mußte in schneller Folge dreimal wiederholt werden, bevor die nächste Bewegung an die Reihe kam. Die Frauen übten die Sequenz mehrere Male, ohne daß Pan zufrieden gewesen wäre.
»Zu langsam, und die Waffe ist zu weit von ihr entfernt. Sie muß beim Vorbeischwingen ihren Rücken streifen.«
Die beiden Frauen versuchten es wieder, aber Pan

brummte noch immer unzufrieden. Plötzlich stand er auf und nahm der ersten Frau die *ta-dao* aus der Hand. Im Raum wurde es schlagartig still. Ohne sich irgendwie aufzuwärmen, befahl Pan der Frau mit dem Speer, sich bereit zu halten und sich schnell zu bewegen, wenn es soweit war. Sein Körper erweckte den Eindruck, als wäre plötzlich ein Stromstoß durch ihn hindurchgefahren, und schon raste die riesige Klinge auf sie zu. Einmal, zweimal schwirrte die *ta-dao* unter ihren Füßen hindurch, schwang dann in furchterregendem Bogen und glitt mit makelloser Präzision über ihren Rücken. Beim drittenmal versetzte Pan die Waffe am Schluß in leichte Drehung, so daß die Klinge den Nacken der Frau hinauffuhr und eine der kleinen Schleifen, die auf ihren Zöpfen saßen, quer durch den Raum katapultierte.

Ich mußte mich einen Augenblick hinsetzen, um mir klarzumachen, wie schwierig es war, einen Gegenstand etwa vom Ausmaß einer überdimensionalen Schaufel, nur schwerer, ohne Führungsseile oder auch nur einen Schutzhelm über den Rücken eines Mädchens und zwischen ihren Zöpfen hindurch zu schwingen. Kurz zuvor hatte ich mich mit einem ehemaligen Angehörigen der Truppe unterhalten, der, als er mit dieser Waffe übte, plötzlich auf den Knien lag. Die Klinge, ungeschliffen freilich, war etwas zu nahe an ihm vorbeigesaust und hatte geräuschlos seine Achillessehne durchtrennt. Pan gab der Frau die *ta-dao* zurück und kam zu mir herüber. »Was wäre, wenn du einen Fehler gemacht hättest?« fragte ich. »Ich mache nie Fehler«, entgegnete er, ohne mich anzusehen.

Ein Garten

»Du solltest Kalligraphie lernen«, meinte Lehrerin Wei, »das wird deinem Kopf guttun.« Ich kaufte also ein paar Pinsel, eine Flasche Tinte und Papier und wartete auf weitere Anweisungen.

Sie gab mir ein Vorlagenbuch für Kinder zum Nachschreiben, weigerte sich jedoch, mir mehr als ein paar elementare Dinge beizubringen, da sie meinte, ihr kalligraphisches Können reiche zu mehr nicht aus. »Es gibt hier jede Menge gute Kalligraphen. Such dir einen und nimm Unterricht.«

Ich informierte meine Umgebung, daß ich Ausschau nach einem Kalligraphie-Lehrer hielte, und bald schon erfuhr ich von Lehrerin Wu, daß man einen geeigneten Lehrer gefunden hatte. Er hieß Hai Bin und stammte aus Su-chou, der Stadt der ummauerten Gärten, die seit Jahrhunderten als Künstlerkolonie berühmt ist. Hai Bin war eine Art Wunderkind gewesen und hatte bei den berühmtesten Malern und Kalligraphen der Stadt gelernt. Ich fragte Lehrerin Wei, wie ich mit ihm Kontakt aufnehmen solle, doch sie meinte, ich bräuchte mich

um nichts zu kümmern, er würde mich heute abend in meinem Zimmer aufsuchen.
An diesem Nachmittag machte ich meine Behausung sauber, legte alle Pinsel und das Papier auf dem Schreibtisch bereit und kaufte teuren Tee, den ich ihm anbieten wollte, wenn er kam. Um sieben Uhr klopfte jemand an die Tür. Mit ungewohnter Nervosität öffnete ich, seufzte dann aber erleichtert auf, als ich sah, daß es nur ein etwa gleichaltriger Doktorand mit einem englischen Lehrbuch unter dem Arm war. Ich fragte, ob ich ihm irgendwie behilflich sein könne.
»Bist du Mr. Salzman?« fragte er und senkte den Blick.
»Ja.«
»Ich bin Hai Bin.«
Anfangs glaubte ich ihm nicht, da ich der Meinung war, alle guten Kalligraphen müßten alte Männer mit schütteren, weißen Bärten sein. Aber dann sah ich hinter dem englischen Lehrbuch ein paar Kalligraphiebücher hervorlugen. Ich verbarg meine Enttäuschung und bat ihn herein.
Die meisten jungen Chinesen trugen damals modische Nylonhemden, ausgestellte Hosen und etwas erhöhte Absätze und ließen sich die Haare allmählich über die Ohren wachsen; Hai Bin dagegen trug schlichte, baumwollene Armeehosen, ein einfaches weißes Hemd und Sandalen, und sein kurzes Haar sah aus, als hätte er es selbst geschnitten. Er sprach Englisch und ein herrliches Mandarin, und als er

sich an meinen Schreibtisch setzte und meine Zeichenutensilien betrachtete, fiel mir auf, daß er, obwohl es sich um ganz billiges Material handelte, sehr behutsam damit umging. Dazu bemerkte er, daß man ungeachtet der Qualität von Pinseln oder Papier stets so damit umgehen sollte, als wären sie unbezahlbar. »Dadurch stellt sich dein Bewußtsein auf die bevorstehende, ernste Aufgabe ein.« Nachdem er die Haare eines Pinsels in warmem Wasser geschmeidig gemacht hatte, tauchte er sie mehrere Male in die Tusche, bis er den Eindruck gewann, daß sie sich entsprechend vollgesogen hatten. Er rückte auf seinem Stuhl zurecht, blickte schweigend auf das Blatt Papier und setzte dann den Pinsel an, mit der Konzentration eines Chirurgen. Während der folgenden fünf Minuten bedeckte er das Papier mit den Schriftzeichen eines Gedichts. Als er fertig war, glitzerten Schweißperlen auf seiner Stirn. »Kalligraphie ist sehr, sehr schwer«, sagte er, »weil sie alles fordert.« Er reichte mir den Pinsel, nahm meine Hand in seine und begann mir zu zeigen, wie man die Striche ausführt.

In der chinesischen Kalligraphie erfordert ein einziger Punkt, wenn er richtig ausgeführt sein soll, fünf unterschiedliche Bewegungen von Handgelenk und Schulter, wobei derselbe Punkt abhängig davon, an welchem der zahlreichen etablierten Stile man sich orientiert, unterschiedlich ausfällt. Sobald man die einzelnen Punkte, Linien, Bogen und Kreise ausführen kann, muß man lernen, wie man sie zu ästhetisch ausgewogenen Schriftzeichen zusammenfügt. Anschließend lernt man, die einzelnen Schriftzeichen so zu schreiben, als wären sie durch eine unsichtbare, ununterbrochene Linie miteinander verbunden, die ihnen Kontinuität und Leben verleiht.

Für die Kompliziertheit dieser Kunst scheint es keinerlei Grenzen zu geben. Hai Bin hatte drei Bücher mit Beispielen aus dem Werk dreier verschiedener Kalligraphen mitgebracht, und wir beschäftigten uns eine ganze Stunde damit, die unterschiedlichen Versionen eines einzigen Schriftzeichens miteinander zu vergleichen.

Zu Beginn ließ mich Hai Bin die Vorlagen von Liu Gongquan nachzeichnen; als Begründung dafür gab er an, daß das Üben von Lius kraftvollen, kühnen Strichen meiner Kampfkunst zugute käme. Hai Bin war überzeugt, daß Kalligraphie, Malerei und *wu-shu* eng miteinander verwandt waren, und daß sich Kunstfertigkeit auf einem Gebiet unweigerlich auf die anderen übertragen würde. Er sagte, ich solle jeden Tag üben, und falls das nicht ginge, mir zumindest die Vorlagen ansehen und sie mit dem Finger nachfahren, als schriebe ich sie selbst. Besonders wichtig sei es, die Zeit zum Üben so zu wählen, daß ich nicht durch Besucher oder plötzlichen Lärm gestört würde.

Nachdem einige Wochen vergangen waren und ich allmählich Fortschritte machte, wurden mir Lius Vorlagen langweilig; ich wollte etwas Neues ausprobieren. Als ich Hai Bin das sagte, runzelte er die Stirn und meinte, es gebe Leute, die ihr ganzes Leben damit verbrächten, eine einzige Vorlage zu erforschen, und so solle ich zumindest bereit sein, ein Jahr auf diese hier zu verwenden. Schließlich überredete ich ihn doch dazu, mich eine andere Vorlage kopieren zu lassen, eine antike Wappeninschrift im Stil von Wu Changshuo. Hai Bin erklärte mir die grundlegenden Pinselstriche dieses Stils, und ich stellte fest, daß nicht einer denen von Liu Gongquan ähnelte.

Vielleicht hatte Hai Bin recht mit der Verwandtschaft zwischen Kalligraphie und *wu-shu*, denn obwohl er nie ein regelrechtes Kampfsporttraining absolviert hatte, hatte er ein gutes Auge für meine Unzulänglichkeiten bei der Ausführung bestimmter Bewegungen. Oft kam er am Morgen und nach dem Abendessen auf seinem Weg ins Labor auf unser kleines Grundstück, wo ich trainierte, um mich auf winzige Fehler hinzuweisen und mich zu ermuntern, noch härter zu arbeiten. Sooft ich eine Pause einlegte, um etwas auszuruhen, sagte er: »Würde Meister Pan es gutheißen, daß du ausruhst? Deine Zeit ist kostbar – nutze sie gut!« Ich gab ihm den Spitznamen Sklaventreiber, der ihm ausnehmend gut zu gefallen schien.

Eines Morgens kam er früher als gewöhnlich, und da er mich nicht draußen beim Trainieren antraf, schaute er durchs Fenster und sah mich mit einem Walkman auf dem Kopf Kalligraphie üben. Er klopfte ans Fenster, und als ich mich umwandte, schüttelte er heftig den Kopf, drohte mit dem Finger und bedeutete mir, den Walkman abzunehmen. Nach dieser Geschichte verpaßte er mir den Spitznamen Schlimmer Junge.

Wann immer es eine Malerei- oder Kalligraphie-Ausstellung in der Stadt gab, forderte Hai Bin mich auf, sie mit ihm zu besuchen. Zuvor aßen wir im Zentrum meist eine Schale Nudeln und gingen dann in die Ausstellung, wo er mir die Arbeiten genau erläuterte. Nur ein einziges Mal erlebte ich ihn ehrlich angewidert; das war bei der Kalligraphie-Ausstellung eines berühmten, in Shanghai lebenden Franzosen, der die Schriftzeichen in einem freien, abstrakten Stil pinselte. Hai Bins Gesicht verzog sich zu einer Grimasse. »Das ist sogenannte Freiheit«, sagte er und wollte nichts mehr davon sehen.

Während der Winterferien fuhren Bill und ich nach Nanking und Shanghai, er, um sich historische Stätten anzusehen, und ich, weil ich mich nach westlichem Essen sehnte. In Nanking entdeckte ich ein Lokal, in dem es Schokoladekuchen gab, und deshalb wollte ich auch bis zum Schluß da bleiben, aber Bill bestand darauf, daß es in Shanghai besseres Essen geben würde und wir außerdem unterwegs in Su-chou Station machen könnten. Hai Bin war während der Ferien zu Hause und hatte uns eine ausgiebige Stadtführung versprochen, falls wir kämen.

Unser Zug kam in der Nacht in Su-chou an. Wir stiegen in einen Bus, der leer war bis auf ein junges Paar, das so damit beschäftigt war, mit seinem Baby zu reden, daß es uns gar nicht bemerkte. Die beiden sprachen Su-chou-*hua*, den angeblich schönsten chinesischen Dialekt, der deutlich weicher und nasaler klang als der Changsha-*hua*, an den wir gewöhnt waren. Die Frau schmiegte das Gesicht des Babys an ihren Hals, um es warm zu halten, während der Mann in einer Hand die beiden kleinen Händchen hielt. Erst als der Bus in der Nähe unseres Hotels anhielt und wir aufstanden, entdeckte uns die Frau. Sie erschrak, drückte das Baby fester an sich und flüsterte ihrem Mann etwas zu. Er drehte sich nach uns um, und der Schreck fuhr ihm in die Glieder. Vielleicht wirkten wir noch fremdartiger als sonst, da Bill mit seinen einsfünfundneunzig sich weit vornüber beugen mußte, um in dem Bus stehen zu können, und fast wie ein verwachsener Riese aussah. Wir winkten der jungen Familie zu, und die Eltern lächelten nervös zurück, winkten uns mit der Hand des Babys und forderten es auf, »den fremden Onkels auf Wiedersehen zu sagen.«

Wir gingen an einem Kanal entlang, auf dessen unbewegter Oberfläche sich schwache Lichtpunkte spiegelten, folgten einer stillen, mit Bäumen und zweistöckigen Hochhäusern gesäumten Straße. Diese Häuser waren entweder schwarz oder weiß angestrichen und mit kunstvoll geschnitzten Türen und Balkonen verziert. Bis wir unser Hotel erreichten, war ich zu der Überzeugung gelangt, daß Suchou eine der schönsten Städte war, die ich je gesehen hatte.

Das Hotel lag ganz in der Nähe von Hai Bins Zuhause. Am nächsten Morgen um sieben Uhr erwartete er uns vor dem Hotel, denn zum Besichtigen war der frühe Morgen die beste Zeit, da es gegen Mittag in den Parks und Gärten von Leuten nur so wimmelt; vor allem von Kindern, die lauthals schreiend herumrennen und Obstschalen über diese auf der ganzen Welt einzigartigen architektonischen Meisterwerke verstreuen. Jeder Garten hatte seine eigene, besondere Thematik und seinen einzigartigen Charakter. Hai Bin hatte in diesen Gärten viele Stunden mit seinen Lehrern verbracht, die überzeugt waren, daß man allein durch das Betrachten der kunstvollen Anordnung von Felsen, Bäumen und Mauern und freiem Raum seine Fähigkeiten in Malkunst und Kalligraphie verbessern könne. Er zeigte uns die Blickwinkel, aus denen man diverse berühmte Bäume und Felsen betrachten mußte, und hieß uns gelegentlich mehrere Minuten lang in eine bestimmte Richtung schauen, wobei er uns erklärte, wie wir unsere Augen und unser Bewußtsein über die Landschaft gleiten lassen sollten.

An unserem dritten und letzten Tag in Su-chou führte uns Hai Bin in einen kleinen, völlig verlassenen Garten und bat uns, dort auf ihn zu warten, während er sich für ein paar Minuten entfernen würde. Einer seiner Lehrer, inzwischen hoch in den Achtzigern und ein berühmter Künstler, wohne in der Nähe und sei vielleicht bereit, den Morgen mit uns hier zu verbringen. Eine halbe Stunde später kehrte Hai Bin mit seinem Lehrer zurück, der eher nach einem Schiffskapitän als nach einem Künstler aussah. Er war klein, stämmig und unrasiert, hatte knorrige Hände und einen ungewöhnlich kräftigen Händedruck. Den Grund dafür erfuhren wir bald: Er meißelte steinerne Siegel, für deren Herstellung er nichts weiter als ein sichelförmig gebogenes Messer verwendete. Dank seines Genies, der Kraft und der ruhigen Sicherheit seiner Hände wurde er einer der größten Siegelkünstler Chinas. Er hatte mehrere Bände mit Abdrücken von seinen Siegeln mitgebracht. Diese breitete er auf einem steinernen Tisch aus und forderte uns auf, sie uns anzusehen. Trotz seiner Berühmtheit war er durch und durch bescheiden, beantwortete sorgfältig und voller Engagement alle unsere Fragen, und um uns zu zeigen, wie sehr er es zu schätzen wisse, daß wir nach China gekommen waren, um Englisch zu unterrichten, bot er sogar an, für Bill und mich Siegel zu meißeln. Während unseres Gespräches saß Hai Bin still neben ihm, half ihm, die Seiten umzuschlagen, und dolmetschte für uns, wenn wir den Dialekt des Künstlers einmal nicht verstanden.

Wir fragten ihn nach einem besonders schönen Druck, auf dem zwei springende Pferde, eines ganz ausgeführt, das andere in Umrissen, zu sehen waren, und er sagte uns, daß diese Pferde ihn und seine verstorbene Frau darstellten. Die Inschrift hatte etwas mit seiner Vorstellung von einer »Reise nach dem Westen« zu tun, wo sie wieder vereint sein würden. Hai Bin erklärte, daß in der buddhistischen Terminologie die Reise nach Westen den Übergang der Seele vom Leben zum Tod bedeute. Als er seine Erklärung beendet hatte, kamen lärmend und mit Zigaretten in den Mundwinkeln zwei *liu-mang* – Punks – in den Garten. Nachdem sie Bill und mich eine Weile betrachtet und laute Bemerkungen in ihrem Dialekt gemacht hatten, so daß wir sie nicht verstehen konnten, warfen sie einen Blick auf die Siegelsammlung auf dem Tisch und ließen Asche auf die kostbaren Bände fallen. Sie begannen sich über den alten Mann lustig zu machen; sie lasen die Inschrift von der Reise nach dem Westen und warfen dem alten Mann in ihrer Unwissenheit vor, sich bei Leuten aus dem Westen anzubiedern. Der Künstler sagte kein Wort, sondern beugte sich mit niedergeschlagenen Augen über seine Bücher, während diese nichtsnutzigen Kerle ihn weiter beleidigten.

Plötzlich stand Hai Bin auf. Obwohl er kleiner war als die beiden *liu-mang*, wies er sie zurecht wie kleine Kinder und hielt ihnen eine Standpauke, die offensichtlich mit dem Rat endete, sie sollten auf der Stelle den Garten verlassen, denn das taten sie dann auch unter verlegenem Grinsen. Behutsam wischte Hai Bin die Asche von den Büchern seines Lehrers und entschuldigte sich bei Bill und mir für das Benehmen der beiden. Auch der Künstler entschuldigte sich und versicherte uns, wie beschämt er über das ungezogene Verhalten der jungen Leute sei; dann bat er uns, ihn zu entschuldigen, da es spät geworden sei und er nach Hause gehen müsse. Wir machten noch ein paar Photos von uns allen, verabschiedeten uns und sahen den beiden nach, bis sie den Garten verlassen hatten; Hai Bin trug des Meisters Bücher und stützte ihn am Arm.

Später am selben Tag standen Hai Bin und ich in einem anderen Garten auf einer kleinen Brücke, die sich über einen künstlich angelegten Teich wölbte. Wir beobachteten ein Pärchen Mandarinenten. Es schwamm unter einem Schild hindurch, das die Tugenden dieser Spezies pries, die sich einen einzigen Gefährten erwählt und diesem ein Leben lang treu bleibt. Ich fragte Hai Bin, ob das stimme, und er antwortete: »Ja, natürlich. Aber wenn man sie nach Amerika bringt, reichen sie angeblich innerhalb von wenigen Monaten die Scheidung ein.« Das war der erste Scherz, den ich in China gehört hatte, und so empfand ich ihn als eine Art Durchbruch. Ich reagierte darauf mit ein paar amerikanischen Witzen; Hai Bin lachte zwar, wies jedoch darauf hin, daß die meisten davon biologisch betrachtet unmöglich seien.

Nach Changsha zurückgekehrt, war ich entschlossen, diese Freundschaft weiter zu pflegen. Obwohl wir einander sehr gerne mochten und eine gewisse Vertrautheit erreicht hatten, hörten sich unsere Gespräche nach wie vor an wie Interviews für eine Zeitschrift über Kulturaustausch. Wir hatten viele gemeinsame Interessen, und ich war bei ihm zu Hause gewesen und hatte seine Familie kennengelernt, die meiner eigenen sehr ähnlich war. So glaubte ich, daß wir ihm Grunde unseres Herzens doch nicht so verschieden sein konnten. An einem warmen Abend kaufte ich zwei Flaschen Bier und bat Hai Bin, mit mir zum Fluß hinunterzugehen, um den Sonnenuntergang zu betrachten. Wir sprachen über Kalligraphie und Medizin, bis es dunkel wurde. Dann holte ich das Bier hervor. Wir saßen auf der Hochwassermauer, schauten den Zigaretten der Fischer nach, die wie rote Leuchtkäfer glühten, und tranken die beiden Flaschen aus. Wir lachten über irgend etwas, als mir plötzlich bewußt wurde, was bei unseren Gesprächen fehlte.

»Sag mir, Hai Bin, was sind die zwei Dinge, an die du am meisten denkst, die dir am meisten durch den Kopf gehen, ob du nun willst oder nicht?«

Er schwieg ein paar Sekunden, kratzte sich am Kopf und meinte dann: »Essen und Schlafen.«

Ich war so voller Hoffnung, daß unsere kulturelle Kluft wie durch Zauberhand überbrückt würde, daß ich mich damit nicht zufriedengab.

»Na, komm schon, Hai Bin, das kann doch nicht wahr sein!«

»Aber natürlich ist es wahr! Das Essen in unserem

Speisesaal ist so abscheulich, daß ich dauernd an zu Hause denken muß, als meine Mutter noch für mich kochte. Ich muß die ganze Zeit daran denken. Du erzählst mir doch auch ständig, wie häufig du von Mich-Shakes träumst?«

»Milch-Shakes.«

»Also gut, Milch-Shakes. Und in unserem Schlafsaal ist es nachts sehr laut, weil die Studenten laut lachen, ihre Radios aufdrehen und die Stimme Amerikas hören, so daß ich nicht einschlafen kann, wenn ich möchte, und deshalb nie genug Schlaf bekomme.«

Zu meiner Enttäuschung mußte ich erkennen, daß er es ernst meinte, und als er die Frage an mich zurückgab, wußte ich nicht recht, was ich sagen sollte.

»Nun, Hai Bin, ich glaube, zum einen wünsche ich mir, daß die Leute mich mögen. Vor allem die Frauen. Verstehst du, was ich meine?«

»Und das zweite?«

»Ich möchte in einer Sache sehr, sehr gut sein.«

»In was denn?«

»Das spielt im Grunde keine Rolle. Ich möchte irgend etwas so gut können, daß ich damit zufrieden bin oder dafür irgendwie anerkannt werde.«

Er sah mich fragend an. »Warum denkst du über solche Dinge nach?«

»Weil sie wichtig sind – oder etwa nicht?«

»Ja«, sagte er, »aber diese Ziele lassen sich doch ganz leicht erreichen! Du brauchst nichts weiter zu tun, als freundlich zu sein und hart zu arbeiten. Aber gutes Essen und ein guter Schlaf, das ist viel schwerer zu erringen, weil diese Dinge nicht in unserer Macht liegen.«

Eine Kurzgeschichte

In einem meiner Kurse las ich *The Lottery* von Shirley Jackson vor, eine Kurzgeschichte über eine Kleinstadt, in der jedes Jahr eine Lotterie abgehalten wird. Die Einwohner der Stadt müssen daran teilnehmen, und der »Gewinner« wird von den anderen zu Tode gesteinigt. Kein Mensch weiß, warum diese Lotterie veranstaltet wird und woher diese Tradition stammt, aber niemand stellt sie in Frage. Selbst das Opfer, dessen Losnummer am Ende ausgerufen wird, scheint blind gegenüber dem Irrsinn dieses Spiels zu sein: Als die Menge über die Frau herfällt, wehrt sie sich schreiend gegen diese ungerechte Entscheidung und fordert eine zweite Chance.

Als ich die Geschichte zu Ende gelesen hatte, meldete sich eine besonders selbstbewußte Studentin zu Wort.

»Lehrer Mark«, fragte sie, wobei ihre Stimme eine Mischung aus Unsicherheit und Abscheu verriet, »warum haben die Menschen in Amerika das getan?«

Ich erklärte, etwas zu rasch vielleicht, daß es sich

um eine fiktive Geschichte handle, aber sie schien nicht überzeugt.
»Sie muß aber doch auf irgendeiner Erfahrung beruhen, sonst hätte die Autorin sie sich nicht ausdenken können«, meinte sie und warf mir einen wissenden Blick zu.
Ich entgegnete, daß uns diese Geschichte ein übertriebenes und folglich dramatisches Beispiel für ein Verhalten vor Augen führt, das überall auf der Welt, nicht nur in Amerika, anzutreffen ist, wo Individuen, sobald sie Teil einer Menge sind, schreckliche Dinge tun, die sie normalerweise nie machen würden.
»Aber wer wäre denn so idiotisch, eine solche Lotterie zu veranstalten und jemanden zu töten?« konterte sie. »Kein Mensch in China würde eine solche Geschichte glauben! Ihr Amerikaner müßt eine ungeheuerliche Phantasie haben!«
Und ihr Chinesen ein kurzes Gedächtnis, dachte ich im stillen. Doch der junge Mann hinter ihr belehrte mich eines Besseren.
»Ich habe etwas Derartiges erlebt«, sagte er. »Während der Kulturrevolution. Jedermann wollte – jedermann mußte – sein Liebe zum Vorsitzenden Mao beweisen, und so gingen wir hinunter an den Fluß. Der Vorsitzende Mao ist nämlich über den Jangtsekiang geschwommen. Hast du das gewußt? Also dachten wir alle, wir müßten über den Hsiang schwimmen. Scharen von Menschen sprangen hinein – es waren Tausende –, aber da passierte etwas

ganz Schreckliches. Es sprangen viel zu viele gleichzeitig, sie drängten wie verrückt ins Wasser, und die Folge war, daß nicht genug Platz zum Schwimmen blieb. Man konnte seine Arme nicht mehr bewegen! Der Fluß sah aus wie eine Suppe, auf der die Köpfe der Menschen wie Klöße auf und ab hüpften. Weil sie ihre Arme nicht bewegen konnten, gingen viele Menschen unter und ertranken. Wirklich, sie haben ausgesehen wie Klöße.«

Die Frau runzelte die Stirn. »Das ist ganz und gar nicht dasselbe! Das war ein Unfall. Diese Menschen hatten nicht die Absicht, sich gegenseitig weh zu tun, als sie ins Wasser sprangen! Aber in dieser Geschichte wissen die Leute, daß sie die Frau töten werden. Sie werfen mit Steinen auf sie!«

Ihre Bemerkung löste betretenes Schweigen aus. Sie rutschte auf ihrem Stuhl hin und her und stieß schließlich einen verärgerten Seufzer aus. »Wie dem auch sei, wir alle haben schreckliche Dinge gesehen«, sagte sie. »Warum müssen wir auch noch etwas darüber lesen? Kannst du uns nicht Geschichten mit einem glücklichen Ausgang zu lesen geben?«

»*Mei pan-fa*«

»Es gibt da einen Labortechniker an unserer Hochschule«, sagte Hai Bin eines Nachmittags, »der dich kennenlernen möchte. Er macht *wu-shu* und sagt, daß sich sein Lehrer für dich interessiert. Wenn du möchtest, würde dir sein Lehrer zusätzlich zu Meister Pans Stunden Unterricht geben.« Hai Bin meinte, ich könne den Mann, der Little Guo hieß, am selben Abend im Versuchslabor antreffen. »Ich muß dir allerdings etwas sagen«, fuhr Hai Bin fort. »Little Guo ist ein netter Mensch, nur manchmal etwas ungeschickt. Es kommt öfter vor, daß er aus Versehen etwas zerbricht. Vielleicht kann er seine Kraft nicht unter Kontrolle halten. Solltest du also mit ihm trainieren, dann sei vorsichtig, daß er dir nicht aus Versehen weh tut.«

An diesem Abend ging ich hinauf in den zweiten Stock des Forschungsinstituts; dabei stolperte ich auf der unbeleuchteten Treppe über einen Spucknapf. Als ich an die Tür klopfte, sagte eine Stimme, »Augenblick«, dann öffnete ein junger Mann mit muskulösen Schultern und langen Armen, die bis zu den Knien hinab zu reichen schienen, die Tür. Er war einen ganzen Kopf größer als ich. »Ich bin Little Guo«, sagte er und schüttelte mir unter Einsatz seines gesamten Oberkörpers die Hand, daß mir die Zähne klapperten. Er bat mich in sein Labor, in dem dicht an dicht dreißig oder mehr Hocker standen. Bereits beim Eintreten spürte ich, daß sich ringsum allerhand bewegte, doch brauchte ich ein paar Sekunden, um mir Klarheit zu verschaffen über das, was ich da sah. Auf jedem Schemel hockten drei Mäuse, beschnupperten nervös die Ränder der Sitzfläche und spitzten gelegentlich hinunter, als wollten sie gleich springen.

»Mäuse!« sagte Little Guo, klatschte mir kräftig auf die Schulter und strahlte. Er erklärte mir, daß er derzeit ein Experiment durchführe, bei dem Mäuse in Dreiergruppen gekennzeichnet und gewogen werden, weil man ihre Abwehrkräfte gegen eine bestimmte Krankheit testen wolle.

»Aber springen sie denn nicht herunter?« fragte ich ihn.

»Nein, sie haben Angst vor der Höhe! Das habe ich schon früher ausprobiert.«

Während er die Mäuse wog, erzählte er mir, sein Lehrer Zheng sei ein hervorragender *nei-gong*-Boxer. *Nei-gong* bedeutet wörtlich »innere Fähigkeit« und bezieht sich auf Kampfkunststile wie etwa *t'ai-chi-ch'uan*, bei denen das Schwergewicht weniger auf dem Training physischer Kraft als auf der Ausbildung des *chi* – der »inneren Energie«

oder »vitalen Kraft« – liegt. Ich hatte bis dahin zahllose *chi*-Demonstrationen gesehen, ohne jedoch den Eindruck zu gewinnen, als handle es sich um mehr als Geschicklichkeit, Selbstvertrauen und Körperbeherrschung; und so gestand ich Little Guo, daß ich skeptisch sei.

»Oh, aber es ist wirklich etwas dran!« entgegnete er. »Du wirst es selbst sehen! Erlaube, daß ich dich zu Meister Zheng bringe, dann wird er es dir zeigen.«

Wir trafen eine Verabredung für die nächste Woche und wollten uns soeben über einen Treffpunkt einigen, als es plötzlich geschah: Eine Maus hatte ihre Angst vor der Höhe überwunden und sprang auf den Boden, flitzte wie verrückt herum und quietschte hingebungsvoll. Sofort wurden auch die anderen Mäuse ganz aufgeregt, beugten sich weiter über die Ränder ihrer Schemel und folgten den Bewegungen der herumsausenden Maus mit Augen und Ohren.

»Das ist doch unmöglich!« Little Guo stürzte sich auf die Maus, verfehlte sie aber. Die Maus wetzte, verfolgt von Little Guo, unter den Hockern hindurch und blieb schließlich in einer Ecke des Raumes unter einem Labortisch stehen. Bedächtig kroch Little Guo auf sie zu, die riesigen, derben Hände wie Schaufeln zum Zupacken bereit. Ich wollte nicht hinsehen, weil ich so das Gefühl hatte, Little Guo würde gleich auf der Maus landen und sie zerquetschen, aber bevor er sich auf sie stürzte, flitzte sie nach links weg und entwischte. Little Guo wirbelte herum, um ihr nachzusetzen, traf dabei mit seinem Unterarm einen Hocker und fegte weitere drei Mäuse in die Freiheit. Wilde Aufregung ergriff die noch auf ihren Schemeln hockenden Mäuse, die jetzt eine nach der anderen auf den Boden sprangen.

Eine Woche später brachte mich Little Guo zu Meister Zheng. Zheng wohnte in einer Fabrikeinheit, die einen eigenen Stromgenerator besaß, so daß es bei ihm Licht gab, obwohl an diesem Abend fast in der ganzen Stadt Stromausfall herrschte. Als wir hinkamen, beendeten Zheng, seine Frau, seine dreijährige Tochter und drei seiner älteren Schüler gerade ihr Abendessen. Zuerst verhielt sich Zheng sehr steif und korrekt. Vielleicht befürchtete er, seine Schüler würden den Respekt vor ihm verlieren, wenn er sich über den Besuch eines Ausländers allzu erfreut zeigte. Nachdem wir jedoch ein paar Gläser eines erlesenen Kräuterweins getrunken hatten, wurde er nicht nur freundlich, sondern ausgesprochen unterhaltsam. Er verfügte über ein beachtliches mimisches Talent, das er vor vielen Jahren seiner Zugehörigkeit zur Truppe der »Blumen-Oper« in Changsha zuschrieb. Die Blumen-Oper, eine Besonderheit von Hunan, wird im regionalen Dialekt gesungen und verwendet ganz andere Kostüme und Themen als die besser bekannte Pekingoper. Zhengs Eltern waren beide Blumen-

Opernsänger gewesen, desgleichen seine Frau; und seine sämtlichen Brüder und Schwestern traten nach wie vor in der Oper auf. Ich erfuhr nie, warum Zheng die Oper verlassen hatte, einen Job in einer Fabrik annahm und sich in seiner Freizeit ganz der Kampfkunst widmete.

Im Gegensatz zu vielen meiner Bekannten von der Medizinischen Hochschule stammten Zheng und seine Schüler ausnahmslos aus Changsha und wollten wissen, was ich von den hiesigen Gebräuchen, vom Essen und von der Sprache hielt. Ich war gewohnt, Leute, die aus einer anderen Region Chinas stammten, über Changsha sagen zu hören: »Dort gibt es nichts zu tun, nichts zu kaufen, die Menschen haben keine Manieren, das Essen ist scheußlich und der Dialekt klingt grauenhaft.« Zheng jedoch beharrte darauf, daß die Einwohner von Changsha, obwohl es eine arme Stadt war, die höflichsten seien, das Essen das würzigste und der Dialekt der lebendigste in ganz China, und daß ich mich wahrhaftig glücklich schätzen könne, hierher geschickt worden zu sein. Darauf tranken wir, und dann war es Zeit für die Kampfkunst.

Wir stiegen auf das Dach des Hauses, von dem aus man einen atemberaubenden Blick auf den Fluß und einen Großteil der sich nach Süden ausdehnenden Stadt hatte. Wegen des Stromausfalls wirkte die Stadt verlassen bis auf vereinzelte Kerzen und Feuerchen, die auf den Straßen flackerten und an denen ganze Familien Mah-Jongg und Poker spielten. Zheng forderte mich auf, ihm und seinen Schülern die Formen zu zeigen, die Pan mir beigebracht hatte. Ich absolvierte drei davon und wurde mit Beifall und zahlreichen *»mao-hao ti lei!«* bedacht, dem changshaischen Ausdruck für »sehr gut«. Zheng meinte, mein Shaolin-Boxen sähe sehr kraftvoll aus, was bei einem Lehrer wie Pan Qingfu ja auch kein Wunder sei.

»Aber hast du dich je mit *wu-t'ang*-Boxen beschäftigt?« fragte er.

»*Wu-t'ang*-Boxen?«

»Shaolin-Boxen gehört zu den sogenannten harten oder äußeren Schulen. Sie sind schnell und kraftvoll. *Wu-t'ang*-Boxen gehört zu den sogenannten weichen oder *nei-gong*-Schulen. Der Berg Wu-t'ang ist der Sitz eines berühmten taoistischen Tempels, in dem *t'ai-chi-ch'uan*, *pa-kua-chuan* und *hsing-i-chuan*, die drei inneren Stile, praktiziert werden. Hast du dich je mit ihnen beschäftigt?«

»Ich fürchte, nein.«

»Du solltest es aber. Schau her!«

Er führte eine Form des *Ch'en*-Stil *t'ai-chi-ch'uan* aus, wobei er sich ganz langsam über das Dach schlängelte und wand und gelegentlich ruckartig einen Schlag oder Tritt ausführte, der seinen ganzen Körper erschütterte. Die Bewegungen seiner Hüften und des Unterleibs wirkten flüssig und tänzerisch. Ich hatte noch nie etwas Vergleichbares gesehen. Dann forderte er mich auf, ihn festzuhalten. Ich streckte die Hände aus und packte seine Arme, doch mit einer Drehung seiner Hüften und Schultern war er wieder frei. Wieder und wieder versuchte ich, ihn festzuhalten, aber auch wenn ich noch soviel Kraft aufwandte, gelang es ihm jedesmal, sich meinem Griff ohne große Schwierigkeiten zu entwinden. Er forderte mich auf, gegen seine Brust zu schlagen; doch als ich mit einer geraden Rechten vorwärts stieß, schien sein Brustkorb genau in dem Augenblick in sich zusammenzufallen und zu schwinden, als ich ihn in die Rippen zu stoßen meinte. Dann stellte er sich mit dem Rücken an eine Wand und sagte, ich solle ihn fest dagegen drücken; das tat ich auch, aber mit einer einzigen Drehung war er frei. Nach einigen weiteren Demonstrationen gingen wir wieder hinunter, um auszuruhen und wieder etwas zu essen und zu trinken. Nachdem wir Platz genommen hatten, fragte er mich, warum er meiner Meinung nach all das fertigbrachte.

»Du bist sehr geschickt«, antwortete ich, doch offenbar fühlte er sich nicht geschmeichelt.

»Das ist nicht Geschicklichkeit! Das ist *chi*«, sagte er und warf mir einen geheimnisvollen Blick zu. Ich fragte ihn, ob er mir *chi* erklären könne, da ich seit vielen Jahren davon gehört hatte, ohne je eine präzise Vorstellung davon zu haben, worum es sich handelte.

»*Chi* ist eine Art Kraft, die ihren Sitz im Unterleib hat und durch den Körper kreist. Ein Meister im sanften Boxen kann sie in jeden Teil seines Körpers dirigieren, ja sogar aus seinem Körper heraus in den eines anderen. Das ist der Grund, warum du mich nicht festhalten konntest. In alten Zeiten waren die Meister so gut, daß sie einen anderen verletzen oder heilen konnten, ohne ihn auch nur zu berühren. Glaubst du das?«

Ich entgegnete ihm, daß ich zwar sehr wohl glaubte, daß ich ihn nicht festhalten konnte, andererseits aber zugeben müßte, daß ich nicht an eine geheimnisvolle Kraft glaubte, die durch den Körper zirkuliert.

»Nein?« sagte er, und seine geweiteten Augen verrieten Erregung. »Dann liefere mir dafür eine Erklärung!«

Er hob einen kleinen Holzstuhl hoch und hielt ihn über seinen Kopf. Seine Frau wollte etwas sagen, aber Zheng brachte sie mit einer Geste zum Schweigen und ließ, den Blick auf mich gerichtet, den Stuhl mit aller Kraft auf seinen Kopf herunterkrachen, so daß er zersplitterte.

Er hielt mir den zerschlagenen Stuhl hin, damit ich ihn mir ansehen konnte; dann verlangte er von mir eine Erklärung. »Was immer es ist, Meister Zheng, es ist auf alle Fälle eindrucksvoll.«

»Ich hätte einen Tischler heiraten sollen«, knurrte seine Frau.

Zheng meinte, ich hätte völlig recht mit meinem Mißtrauen gegenüber *chi;* auf diese Weise würde ich wenigstens nicht leicht auf Scharlatane hereinfallen. Die einzige Möglichkeit, *chi* selbst zu erfahren, bestünde darin, es selbst zu entwickeln, und so bot er mir freundlicherweise an, mich unter der Bedingung zu unterweisen, daß ich versuchte, unvoreingenommen zu sein und seine Anweisungen aufs Wort zu befolgen. An diesem Abend und drei weiteren in der folgenden Woche brachte mir Zheng die Grundbegriffe von *nei-gong* bei.

Mein Unterricht bei Zheng unterschied sich in vieler Hinsicht von dem, den Pan mir erteilte. In dem Augenblick, in dem ich Pans Trainingsraum betrat, spürte ich, wie seine Augen mir sagten: »Die Zeit ist so kurz – verschwende keinen Augenblick!« Er umkreiste mich, während ich mich aufwärmte, und sobald ich »Fertig« sagte, fixierte er mich und rief: »Anfangen!« Er war überzeugt, daß Anstrengung, Konzentration, Ausdauer und Zielstrebigkeit die Bestandteile eines anständigen Trainings seien. Als ich ihn nach dem Unterschied zwischen einem hervorragenden und einem mittelmäßigen Kampfkünstler fragte, sagte er: »Mittelmäßige Kampfkünstler sind faul und versuchen, das mit Aberglauben zu vertuschen. Meister werden jeden Tag ihres Lebens bitter essen – so einfach ist das.« In all unseren Unterrichtsstunden erwähnte er *chi* nur ein einziges Mal, und selbst da benützte er es in seiner ursprünglichen Bedeutung, nämlich Atem: »Du darfst den Atem nicht anhalten, wenn du trainierst«, sagte er, »sonst wirst du müde.« Pan brachte den inneren Stilen des *wu-shu* großen Respekt entgegen – er lehrte und übte sie alle selbst aus –, aber er schätzte sie wegen ihrer technischen und theoretischen Finesse, denn, wie er sagte, keine Kampfkunst konnte einem übernatürliche Kräfte verleihen. »Wenn die Meister in alten Zeiten wirklich zehn Meter hoch springen konnten«, schnaubte er, »warum haben sie dann Treppen in ihren Häusern gehabt?«

Zheng ging anders an die Sache heran. Seine Stunden begannen mit einem Glas Kräuterwein und einem Gespräch; er hatte eine herzliche, väterliche Beziehung zu seinen Schülern, und man sah deutlich, daß sie ihn alle sehr gerne mochten. Wenn es nicht regnete oder zu verhangen war, gingen wir zum Üben auf das Dach hinauf. Zheng behauptete, Regen und Nebel würden durch die Poren der Haut sickern und das *chi* beeinträchtigen, so daß es am besten sei, an solchen Tagen nicht zu trainieren. Das Training auf dem Dach verlief sehr locker. Jeder Schüler arbeitete für sich allein, und Zheng ging zwischen ihnen hin und her und rief nur ab und zu einmal alle zusammen, um ihnen eine bestimmte Technik zu zeigen. Seine Schüler übten in kurzen, intensiven Intervallen, mit häufigen Pausen dazwischen, um nicht ins Schwitzen zu geraten. Sie alle, Zheng eingeschlossen, hielten es für selbstzerstörerisch, jeden Abend bis zur Erschöpfung zu trainieren, und meinten, auf die Dauer würde ich schon lernen, daß die taoistische Einstellung der Mäßigung die effektivste sei. Abgesehen von Formen, Atemübungen und Partnerübungen beinhaltete Zhengs Training eine Methode zur Abhärtung der Hände. An einen Holzrahmen hängte er drei grobe, mit Sand gefüllte Leinensäcke, von denen jeder mindestens fünfzig Kilo wog, und ließ uns jeden Tag etwa zwanzig Minuten darauf einschlagen. Diese Methode unterschied sich in mehrerlei Hinsicht von Pans Eisenfaust-Training: Bei Zhengs Methode wurden die Knöchel aufgescheuert, so daß sich darüber in nur sechs bis acht Monaten eine extrem dicke Hornhautschicht bildete. Diese Hornhaut führte dazu, daß Zhengs Hände so geschwollen aussahen, daß man einen Knöchel kaum vom nächsten unterscheiden konnte. Bei Pans Methode mit der Eisenplatte mußte man behutsamer vorgehen, da eine größere Verletzungsgefahr für die Hände bestand, und die Ergebnisse zeigten sich sehr viel langsamer. Man brauchte mehrere Jahre, bis sich eine Hornhautschicht gebildet hatte, die dann aussah, als hätte man Nieten auf den Knöcheln. In der Hoffnung, es beiden Lehrern recht zu machen, praktizierte ich beide Methoden, holte mir auf der Hautoberfläche von den Sandsäcken Schorf und unter der Haut von den Schlägen auf die Eisenplatte Blutgerinsel.

Nachdem einige Monate verstrichen waren, lud mich Zheng zu einem Tagesausflug in eine kleine Stadt südlich von Changsha ein. Er hatte dort einen guten Freund, und er wollte, daß ich ihn kennenlerne.

»Mein Freund ist ein Bildhauer, ein Künstler. In seiner Freizeit stellt er Schwerter her. Er ist mein bester Freund, und da er sich im Augenblick einsam fühlt, wollte er, daß ich ihn besuche. Wenn du mitkommst, wird ihn das sicher aufmuntern. Und wenn er dich mag, macht er dir vielleicht sogar ein Schwert.«

Am folgenden Sonntag bestiegen Zheng, drei seiner Schüler und ich einen überfüllten Bus, der drei Stunden lang auf einer staubigen Straße durch die Landschaft rollte, bis er schließlich in einer Stadt anhielt, die noch deprimierender aussah als Changsha. Auf dem Weg zu einem Anschlußbus blieb Zheng bei einem fliegenden Händler stehen und kaufte etwas, was in Zeitungspapier eingewikkelt war. Sorgfältig entfernte er das Papier und verteilte etwas dunkel Glänzendes, das wie Walnußschalen aussah, an seine Studenten; dann bot er mir etwas an.

»*Ping-lang*«, sagte er und schob sich eines dieser Dinger in den Mund. »Eine Spezialität dieser Gegend.«

Da ich nicht unhöflich sein wollte, steckte ich das Ding in den Mund. Es schien sich um eine in starkem Zimtextrakt eingelegte Art Nuß in der Schale zu handeln, die beim Kauen allmählich geschmeidig und faserig wurde. Ich mag Zimt sehr gern, also kaute ich das Ding, bis es nach nichts mehr schmeckte, und schluckte es dann mühsam hinunter.

»Willst du noch eines?« fragte Zheng.
»Ja, danke. Es schmeckt sehr gut.«
Zheng und seine Schüler waren sichtlich erfreut, daß mir diese Spezialität schmeckte, und so kam es, daß sie sich am nächsten *ping-lang*-Stand um die Ehre stritten, mich zu mehr einladen zu dürfen. Insgesamt aß ich sieben oder acht von diesen Dingern, in der Annahme, das sei womöglich unser ganzes Mittagessen. Im Bus fragte mich Zheng, ob ich noch mehr *ping-lang* wollte, und ich antwortete, daß ich vorerst satt sei. Verblüfft riß er die Augen auf und fragte mich, ob ich das Zeug denn hinuntergeschluckt hätte.
»Ja. Hätte ich das nicht tun sollen?«
»Oje«, seufzte er. Dann teilte er den anderen mit, was ich getan hatte. Sie sahen mich fassungslos an, so daß ich plötzlich ziemlich nervös wurde. Mein Herz begann wie wild zu klopfen, und ich fragte besorgt, ob ich etwas Giftiges gegessen hätte. Darüber lachten alle; Zheng klärte mich auf, daß *ping-lang* zwar nicht giftig sei, aber daß man es kaute und nicht hinunterschluckte. »*Ping-lang* ist wie Wein«, sagte er, »es macht einen leicht berauscht. Wir dachten, du seist daran gewöhnt und hast deshalb so viele gekaut. Bei uns machen sich schon eine oder zwei bemerkbar.«
Der Adrenalinstoß, den dieser Schock auslöste, muß die Wirkung der Droge, die im Westen unter dem Namen Betelnuß bekannt ist, beschleunigt haben, denn schon fühlten sich meine Beine endlos

lang und weich wie Pudding an, in meinen Ohren begann es zu dröhnen, und die Busfahrt, die nur etwa eine Viertelstunde dauerte, schien sich länger als eine Stunde hinzuziehen.
Wir stiegen mitten in einer Wohnsiedlung aus Betonklötzen aus, deren schnurgerade Reihen sich in alle Richtungen fortsetzten, so weit das Auge reichte. Wir gingen acht oder neun Straßen weiter nach Norden und hielten schließlich auf einen der düsteren Eingänge zu. Zheng rief einen Namen, jemand antwortete, und eine Minute später kam ein kleiner Mann mit hüpfenden, aufgeregten Schrittchen herausgelaufen, um uns zu begrüßen. Nachdem Lin mit Zheng Hände geschüttelt und lautstarke, begeisterte Begrüßungsworte ausgetauscht hatte, pflanzte er sich vor mir auf und betrachtete mich von oben bis unten. »Du bist also der Mann, von dem mir mein Freund erzählt hat – willkommen in meinem Haus!« Heftig, ja fast gewalttätig, schüttelte er meine Hand, umklammerte mit der anderen meinen Arm und zwinkerte mir zu, als ginge hier etwas höchst Bedeutsames vor, das auszusprechen sich erübrigte; er sah aus, als würde er gleich in Tränen ausbrechen. Da ich von den Betelnüssen noch ziemlich benommen war, konnte ich nicht beurteilen, ob sich dieser Mann wirklich seltsam benahm oder ob ich mir das nur einbildete. Da ich verunsichert war, begann mein Puls erneut zu rasen, und noch mehr Adrenalin schoß durch meine Adern. Es wurde mir leicht übel, und ich bat dar-

um, mich setzen zu dürfen, da ich befürchtete, ich könnte jeden Augenblick umkippen oder mich übergeben müssen. Sobald wir die Wohnung betraten, verschwand Zheng mit seinem Freund in der Küche; Zhengs Schüler und mich ließen sie im Eßzimmer zurück, damit wir uns ausruhen und Tee trinken konnten. Ich fragte die drei, ob ihnen Lin etwas erregt vorkäme. Lächelnd versicherten sie mir, daß er immer »ein bißchen verrückt« sei, daß ich mir aber keine Sorgen zu machen brauchte, denn er habe ein gutes Herz und sei der treueste Freund, den man sich vorstellen könne. Ich war erleichtert und hatte sofort das Gefühl, daß ich so langsam wieder einen klaren Kopf bekam.
Nach und nach trafen ein paar Freunde aus der Nachbarschaft ein, rannten zwischen Küche und Eßzimmer hin und her und halfen beim Kochen und Tischdecken. Um etwa ein Uhr begann das Festmahl, bei dem wir zu fünfzehnt um einen großen, runden Tisch saßen, den man aus einer nahe gelegenen Fabrik herangeschafft hatte. Lin saß neben mir, füllte meine Schale ständig nach und forderte mich mit herzhaften Klapsen auf den Rükken zum Essen auf. Etwa alle fünf Minuten hob er sein Weinglas, um jemandem zuzutrinken, so daß nach einer Stunde alle miteinander rote Gesichter hatten. Je mehr Lin trank, um so aufgeregter wurde er; er redete im Dialekt, und zwar so schnell, daß ich nichts mehr verstand, aber die wechselnden Gefühle, die ihn bewegten, waren leicht zu erraten.

Er ließ seine Faust auf den Tisch krachen und fluchte wutentbrannt, dann murmelte er leise mit bebender Stimme, als wäre er zutiefst deprimiert, dann wieder wandte er sich an mich und erklärte euphorisch, daß Freundschaft das höchste Gut sei und nichts anderes daneben eine Rolle spiele. Mit fortschreitender Stunde und zunehmendem Weingenuß steigerte er sich immer mehr in diesen Kreis von Emotionen hinein. Alle anderen schienen nur dazusein, um ihm zuzuhören, ihm recht zu geben, ihn zu trösten oder ihn zu bestätigen, je nach seiner augenblicklichen Stimmung. Als er dann einmal sehr deprimiert wirkte, schlug Zheng vor, er solle mir doch ein paar von seinen Kunstwerken zeigen. Lin sprang auf und lief in einen angrenzenden Raum, aus dem er mit einer winzigen Lehmskulptur zurückkehrte; es war ein nackter Mann, in sich zusammengekrümmt vor Verzweiflung. Es war eine ungeheuer eindringliche Skulptur, und so fragte ich ihn, ob er mir noch andere zeigen könne.

»Nein«, seufzte er, »alle anderen habe ich hergeschenkt. Ich gebe alle meine Arbeiten weg. Aber es gibt etwas, was ich nie hergeben werde, das ist mein Schatz, meine größte Kostbarkeit. Möchtest du sie sehen?«

Als ich bejahte, holte er aus einer Schreibtischschublade eine Postkarte, auf der Michelangelos David abgebildet war. Sie war vergilbt und vom vielen Anfassen recht abgegriffen.

»Michelangelo ist mein Lehrer«, sagte er, »und das

ist mein Lehrbuch. Das ist das einzige, woran ich mich orientiere. Diese Skulptur, dieser David, ist perfekt, und davon träume ich die ganze Zeit. Wenn ich diese Skulptur mit eigenen Augen sehen und sie mit meinen Händen berühren könnte, würde ich, glaube ich, vor Glück sterben!« Vorsichtig legte er die Postkarte in die Schublade zurück und stürzte sich in den nächsten leidenschaftlichen und für mich unverständlichen Monolog. Inzwischen war er ziemlich betrunken. Er stand auf, ergriff einen kunstvoll gearbeiteten Brieföffner, deutete mit allem Nachdruck darauf und stürzte zur Tür. Er tat, als hätte er Schwierigkeiten, sie zu öffnen, und gab so seinen Freunden Zeit, ihn aufzuhalten und ihm den Brieföffner aus der Hand zu nehmen. Er spielte den Empörten, zappelte ein bißchen, um sich loszureißen, aber das alles geschah nur, um den Schein zu wahren, und niemand außer mir schien sonderlich beunruhigt. Während Lins Freunde ihn beruhigten, führte mich Zheng hinaus zu einem kurzen Spaziergang.

»Tut mir leid«, sagte er. »Es tut mir sehr leid, daß der Tag für dich unerfreulich war.« Ich entgegnete, daß es keinen Grund gebe, sich zu entschuldigen, daß er mir aber vielleicht erklären könne, was los sei, da ich allmählich befürchten müsse, daß ich die Ursache für diese Aufregung sei.

»Nein, nein, ganz und gar nicht! Lin mag dich sehr gern! Ich glaube, du hast ihn durch deinen Besuch aufgeheitert. Ich will dir sagen, was los ist. Lin ist ein sehr emotionaler Mensch, ein ungewöhnlicher Mensch. Er ist sehr begabt und sehr klug, und er ist mein bester Freund. Wenn du sein Freund bist, würde er sein Leben für dich hingeben, so groß ist seine Loyalität, das kannst du mir glauben. Er hat mir einmal in einer schlimmen Zeit das Leben gerettet. Aber manchmal ist er nicht mehr Herr über seine Gefühle. Er war lange Zeit mit einer gemeinen Frau verheiratet. Nach vielen Jahren voller Schwierigkeiten wurde ihnen endlich die Scheidung genehmigt. Eine Scheidung, mußt du wissen, ist in China äußerst selten. Aber obwohl Lin diese Frau haßt, liebt er sie noch immer. Das klingt unmöglich, aber es stimmt. Aber wie dem auch sei, sie heiratet jetzt einen anderen, und Lin regt sich fürchterlich auf. Er hat versprochen, sich nicht einzumischen, aber vor kurzem hat er erfahren, daß das Hochzeitsfest nur ein paar Häuser von hier entfernt stattfindet – in diesem Haus da drüben! Und heute ist die Hochzeit, in diesem Augenblick befinden sie sich da drüben. Deshalb sind wir hier. Um Lin aufzuheitern und dafür zu sorgen, daß er keine Dummheiten anstellt. Lin will durchaus keinen Ärger machen – er hat uns von sich aus gebeten zu kommen –, aber du hast ja selbst gesehen, daß er bei seiner Veranlagung gar nicht anders kann, als sich aufzuregen. Ich kann dir jedoch versichern, daß er weder ein schlechter noch ein gewalttätiger Mensch ist. Er ist sanft, nur heute ist er sehr aufgewühlt. Und es tut mir leid, wenn dich das erschreckt hat.«

Als wir in die Wohnung zurückkehrten, hatte Lin seinen Platz am Tisch wieder eingenommen; er sah sehr viel besser aus als zuvor und winkte mir, mich neben ihn zu setzen. »Es tut mir leid, daß ich einen solchen Zirkus veranstaltet habe«, sagte er. »Wichtig ist doch nur, daß alle meine guten Freunde bei mir sind, und jetzt habe ich einen neuen Freund, einen amerikanischen Freund. Erzähle mir etwas von amerikanischer Bildhauerei, wie sieht sie aus?«

Ich war versucht, »lächerlich« zu sagen, gab statt dessen jedoch zu, daß ich nicht gut genug über dieses Thema Bescheid wüßte, um ihm eine Antwort geben zu können. »Wenn du möchtest, kann ich aber meine Familie bitten, ein Buch mit Bildern zu schicken.«

Lin nickte zufrieden, aber dann erstarrte er, als hätte er soeben eine Vision gehabt. »Glaubst du«, fragte er flüsternd, »daß es möglich wäre ... ein Buch mit Photographien aus deinem Land hierherzuschicken? Würde es durch den Zoll kommen?«

»Wenn es an mich adressiert wäre, ganz sicher. Ich würde Meister Zheng bitten, es dir zu bringen, falls ich dich nicht wiedersehe.«

Er packte mich am Arm und schaute mich eindringlich an. In seinen Augen glänzte wilde Hoffnung.

»Gibt es solche Bücher ... über Michelangelo?«

»Ja, die gibt es, und ich werde dir eines besorgen.«

Ich war überzeugt, daß er vor Freude zu weinen anfangen würde, aber statt dessen richtete er sich auf, nickte, als sei er nur mäßig interessiert, und machte sich daran, seinen Freunden Wein nachzuschenken.

»Gut, gut. Ja, es wäre sehr schön, wenn du das tun könntest, aber wenn es zu große Umstände macht …«

»Nein, es macht überhaupt keine Umstände.«

»Ich möchte dir keine Umstände bereiten. Du brauchst nicht höflich zu sein.«

»Durchaus nicht. Das läßt sich ganz leicht machen.«

»Na gut … aber wenn du das Buch nicht bekommen kannst, dann mache dir deshalb keine Sorgen. Manchmal gibt es nämlich Dinge, die heute ganz einfach aussehen und morgen unmöglich.«

Zwei Monate später hielt ich einen herrlichen Michelangelo-Band in Händen. Aber da gab es ein Problem. Kurz nach meinem Besuch bei dem Bildhauer hörte ich gerüchteweise, daß Zhengs Schüler ihm die besondere Aufmerksamkeit, die er mir schenkte, übelnahmen und den Eindruck hatten, daß er ihren Unterricht inhaltlich so umgestaltet hatte, daß in erster Linie meine Bedürfnisse berücksichtigt wurden. Es war unmöglich festzustellen, ob dieses Gerücht zutraf, doch um sicherzugehen, fragte ich Zheng, ob wir etwas weniger eilig vorangehen und meine Stunden auf eine oder zwei pro Woche reduzieren könnten. Er reagierte merkwürdig; er fragte, ob mir eigentlich vollends bewußt sei, welches Risiko es für ihn bedeute, mich als Schüler anzunehmen, und sagte, wenn ich mit seinen Bemühungen, mich zu unterrichten, nicht zufrieden sei, dann solle ich es geradeheraus sagen. Ich beschloß, die Angelegenheit auf sich beruhen zu lassen, und fand mich weiterhin dreimal pro Woche bei ihm ein, doch nach diesem Vorfall konzentrierte er seine Aufmerksamkeit während des Unterrichts noch mehr auf mich und ignorierte seine anderen Schüler fast völlig.

Eines Abends ließ sich keiner der anderen Schüler blicken. Als ich nach ihnen fragte, sagte Zheng, er habe sie gebeten, nicht zu oft zu kommen, da sie ja immer hier leben würden, ich hingegen nicht, und er wolle sichergehen, daß ich mit seinem Unterricht zufrieden sei. Als ich das hörte, empfand ich tiefes Bedauern und sagte ihm ohne Umschweife, daß ich mich unter diesen Umständen unmöglich in der Rolle seines Schülers wohl fühlen könne. Sein Gesichtsausdruck spiegelte eine Mischung aus Zorn und Angst wider, und dann platzte er damit heraus, daß ich offenbar nicht begreifen würde, wie wichtig dieses Arrangement für ihn sei, und daß ich nicht nur an mich selbst denken dürfe.

Als er das sagte, bekam ich ein schlechtes Gewissen und entschuldigte mich dafür, daß ich undankbar erschienen war. Anschließend jedoch ging mir dieser Vorfall immer wieder durch den Kopf, und je mehr ich versuchte, daraus schlau zu werden, um so verwirrender wurde er. Schließlich erzählte ich Hai Bin davon. Er hörte mir aufmerksam zu und meinte dann, ich solle mich weder ärgern noch schuldig fühlen, da keiner etwas dafür könne, daß aber in diesem Fall die Tatsache, daß ich ein Ausländer war, einfach »zu unbequem« gewesen war. Er half mir, einen höflichen Brief aufzusetzen, in dem ich Zheng für seine Großzügigkeit und Liebenswürdigkeit dankte und dann erklärte, daß ich aufgrund zusätzlicher Verpflichtungen an der Hochschule leider nicht in der Lage sei, mit dem Unterricht fortzufahren.

Ich suchte Little Guo auf, zeigte ihm das Michelangelo-Buch, und fragte ihn, ob er es Zheng geben könne, damit dieser es an seinen Freund weiterreichte.

Little Guo schüttelte den Kopf. »Unter diesen Umständen wäre das unmöglich. Lin würde es nämlich nicht annehmen, weil du Zheng beleidigt hast, indem du den Unterricht abgebrochen hast. Du wirst es jemand anderem geben müssen. Wie traurig!«

»Gibt es denn keine Möglichkeit, ihm das Buch zukommen zu lassen, ohne daß Zheng etwas damit zu tun hat?« fragte ich, da ich nicht glauben mochte, daß das Buch, nachdem es zwölftausend Meilen zurückgelegt hatte, die letzten hundert nicht auch noch schaffen sollte.

»*Mei pan-fa*«, antwortete er – das ist unmöglich.

»Genau wie Lin gesagt hat: Dinge, die einfach aussehen, werden auf einmal unmöglich. So ist das sehr oft.« Plötzlich lächelte Little Guo; dann lachte er laut auf. »Und unmögliche Dinge werden plötzlich einfach! Ich hätte mir nie träumen lassen, daß die Mäuse in meinem Labor springen! Erinnerst du dich, wie wir sie beinahe zwei Stunden lang gejagt haben?«

Ich war zu erregt, um in sein Lachen einzustimmen. Er spürte meine Verstimmung und klopfte mir auf die Schulter. »Mach dir deshalb keine Gedanken. Kennst du die Geschichte von dem alten Mann und dem Pferd? Das ist eine berühmte chinesische Geschichte, die bei uns jedes Kind kennt:

Einem alten Mann läuft eines Tages sein Pferd davon. Alle seine Freunde sagen, wie leid ihnen die Sache mit dem Pferd tut, aber der alte Mann meint: ›Ich mache mir darum keine Sorgen. Man weiß nie, wozu es gut ist.‹ Und siehe da, ein paar Tage später kommt das Pferd zurück und bringt eine ganze Herde wilder Pferde mit. Alle gratulieren dem alten Mann zu seinem Glück, aber der alte Mann sagt nur: ›Man weiß nie, wozu es gut ist‹, und macht nicht viel Aufhebens von der Sache. Und siehe da, sein einziger Sohn fällt beim Zureiten vom Pferd und wird zum Krüppel. Alle sagen, wie leid ihnen diese schlimme Geschichte tut, aber der alte Mann meint nur: ›Man weiß nie, wozu es gut ist‹. Nicht lange danach ziehen Regierungstruppen durch das Dorf und rekrutieren gesunde junge Männer für eine Grenzpatrouille. Natürlich bleibt der Sohn des alten Mannes wegen seiner Verletzung verschont.

Das ist die chinesische Denkweise. Um ehrlich zu sein, mir scheint, daß ihr Ausländer Kleinigkeiten schrecklich tragisch nehmt.«

Eine Gespenstergeschichte

Seit ich an jenem Wintertag dem Fischer begegnet war, war ich viele Male am Fluß entlanggegangen, aber erst im Frühling sah ich ihn wieder. Ich war an einem Spätnachmittag mit dem Rad flußabwärts gefahren, etwa eine Meile von der Stelle entfernt, an der wir uns damals getroffen hatten, weil ich hoffte, dort ein ruhiges Plätzchen zum Zeichnen zu finden. In der abschüssigen Hochwassermauer entdeckte ich eine Nische; dort hockte ich mich hin und begann, eine in der Nähe festgemachte Dschunke zu zeichnen. Es verging eine halbe Stunde, und gerade als ich die letzten Striche anbrachte, hörte ich jemanden meinen chinesischen Namen rufen. Als ich aufschaute, sah ich Old Ding die Hochwassermauer heraufklettern; hinter ihm lag sein Boot vertäut. Es fiel mir auf, daß er stark hinkte, und als er näher kam, stellte ich fest, daß das eine Bein deutlich kürzer war als das andere und in einem sonderbaren Winkel verlief. Sein Gleichgewicht war so gut, und er bewegte sich so geschickt auf den Booten, daß mir diese Behinderung erst jetzt auffiel, als er an Land kam. Er hockte sich neben mich und berichtete, er sei soeben von einem langen Fischzug auf dem Tung-t'ing zurückgekehrt, einem weitläufigen See im nördlichen Hunan. »Eine Menge Fische gibt es da«, sagte er lebhaft gestikulierend. Dann fragte er mich, was ich hier mache. Ich zeigte ihm meine Zeichnung, und sein Gesicht hellte sich auf. »Genau so! Genau wie das Boot!« Er legte seine Hände wie einen Trichter an den Mund, rief etwas zur Dschunke hinunter, und sofort erschien die gesamte Familie auf Deck. »Wir wollen es ihnen zeigen!« sagte er und schleifte mich hinunter ans Wasser. Er wechselte ein paar Worte mit seinen Verwandten, die sich sofort in Bewegung setzten; die Frauen verschwanden unter dem überdachten Teil der Dschunke, um Essen zuzubereiten, und die Männer sprangen in eines der zwei seitlich angebundenen Boote und ruderten uns entgegen. Wir stiegen ein und kehrten mit ihnen zur Dschunke zurück. Es gab einen kleinen Imbiß, der aus verschiedenen Sorten gesalzener Fische und Tee bestand, und dann zeigte ich ihnen die Zeichnung. Sie waren so entzückt, daß ich das Blatt aus meinem Block riß. Ich überreichte es dem ältesten Familienmitglied, einem etwa sechzigjährigen Mann, der verwundert die Augen aufriß und es nicht annehmen wollte. »Wie kann ich das annehmen? Es ist ein Kunstwerk; was könnte ich dafür geben?« Ich lachte und meinte, es sei doch nur eine Zeichnung und ich würde mich freuen, wenn er sie einfach nur so nehmen würde. Aber er meinte es ernst. Als er sie endlich angenommen und sie behutsam auf die Bettstelle gelegt hatte, begann er, mit Old Ding über ein angemessenes Geschenk für mich zu verhandeln.

Nach fünfzehn Minuten heftigen Palavers, natürlich in ihrem Dialekt, waren sie zu einer Entscheidung gelangt: Sie wollten mir eines der Ruderboote schenken. Ich sah Old Ding an und erwiderte, daß das absolut lächerlich sei und daß ich für eine Kohlezeichnung keinesfalls ein Boot von einer armen Fischerfamilie nehmen würde.

»Oh, aber das ist gar kein Problem! Wir können ein neues besorgen!«

Ich merkte, daß die Lage ernst war, denn wenn ich das Geschenk zurückwies und mich verabschiedete, würden sie das Ruderboot garantiert zu meiner Unterkunft schleppen und es auf der Veranda abstellen. Ich wandte mich also an den alten Mann.

»Das ist ein sehr schönes Geschenk, es ist Tausende solcher Zeichnungen wert, aber wir Amerikaner haben eine Angewohnheit, und die besteht darin, daß wir offen reden. Wenn wir etwas möchten, sagen wir es.« Die meisten Chinesen schätzen es, wenn man »offen redet«, vielleicht deshalb, weil die Konvention es ihnen fast nie gestattet, und so nahmen sie meine Worte beifällig auf und baten mich, mich doch zu äußern. »Das Boot ist sehr schön, aber es gibt etwas, das ich mir mehr wünsche.« Alle lächelten und nickten und sagten, ich würde natürlich bekommen, was immer ich mir wünschte, aber ich sah deutlich, daß sie zutiefst beunruhigt waren. Ich glaube, sie erwarteten, daß ich um die Dschunke bitten würde. »In meinem Land gibt es einen Aberglauben. Wenn einem jemand ein Kunstwerk schenkt, etwa ein Bild oder ein Gedicht, dann muß man ihm dafür ebenfalls ein Kunstwerk geben, sonst verdirbt man alles. Wenn ich das Boot annähme, würde mich das traurig machen. Mir wäre es lieber, ein Mitglied eurer Familie würde ein Volkslied aus eurer Heimatstadt für mich singen.« Die Familie, die vor Erleichterung fast die Fassung verlor, begrüßte meine Entscheidung und meinte, sie zeuge von »edler Gesinnung«; und dann sang mir jeder etwas vor.

Nachdem wir die Dschunke verlassen hatten, fragte mich Old Ding, ob ich an diesem Abend mit seiner Familie essen würde. Doch mir war im Augenblick nicht danach zumute; die Begegnung mit der Sippe auf der Dschunke hatte mich ziemlich erschöpft. Also verabredeten wir uns für den nächsten Samstag; ich sollte am Nachmittag am Fluß warten, und er würde mich mit seinem Boot abholen.

Ich brachte mein Cello und ein Photoalbum von meiner Familie mit. Wie ich mit dem Cellokasten auf dem Rücken so am Wasser stand, erregte ich einiges Aufsehen. Bis Old Ding kam, hatte sich eine Menschenmenge versammelt. Alle sahen zu, wie ich einstieg; dann stießen wir uns ab und ruderten flußabwärts. Die Leute folgten uns am Ufer, bis ich lächelte und winkte. Sie lächelten und winkten zurück, nickten, als hätten sie eine Erklärung erhalten, machten dann kehrt und verschwanden über die Hochwassermauer. Während wir ruderten, ging die Sonne unter. Bald sah man durch einen rötlichgrauen Dunst nur noch die Silhouetten von Fabrikschornsteinen und sanften Hügeln. Wir machten bei mehreren Booten halt, die alle in der Nähe einer Treppe, die zur Straße hinaufführte, an der Hochwassermauer festgezurrt waren. Dann kehrten wir dem Fluß den Rücken und liefen etwa fünfzehn Minuten durch ein Gewirr schmaler, dunkler Gäßchen, bis wir schließlich zu einer Reihe dreistöckiger Betonbauten kamen. Wir traten in einen stockfinsteren Hauseingang und tasteten uns die Treppe hinauf. Old Ding klopfte an eine Holztür. Sie führte in einen kleinen, von drei Kerzen erhellten Raum. »Heute gibt es keinen Strom«, sagte er. Ich brauchte ein paar Sekunden, um mich in dieser finsteren Umgebung zu orientieren, erkannte dann aber bald seine Familienangehörigen, die ich an jenem Wintermorgen kennengelernt hatte. Von den Kindern, die mich zum ersten Mal sahen, kam leises Gemurmel. Ich wurde gebeten, mich neben eine Kerze zu stellen, damit sie mich deutlicher sehen konnten. Danach wurde die Kerze herumgereicht, und jeder hielt sie vor sein Gesicht, so daß auch ich alle gut sehen konnte; Old Ding stellte sie mir der Reihe nach vor. Da waren viele Vettern, drei Tanten, drei Onkel, drei Nichten, seine Frau und zwei Kinder, seine zwei Brüder und eine Schwägerin, sein Vater und seine Großmutter. In der Tür standen ein paar Freunde der Familie, die draußen in der Diele gewartet hatten. Mit Ausnahme von Old Dings Vater und seiner Großmutter, die auf Stühlen Platz genommen hatten, saßen alle auf dem Boden. Der Vater stand auf, nahm mich am Arm und bestand darauf, daß ich mich neben seine Mutter setzte. Dann ging er in die Küche und kam mit einer Flasche *pai-chiu* und einer Schale Erdnüsse zurück.

Die eindrucksvollsten Gestalten waren die Großmutter und der eine Bruder, der mich damals mit zurückgerudert hatte. Die Großmutter hatte sorgfältig zurückgestecktes, glänzendweißes Haar und leuchtende Augen, die mich ansahen, ohne zu blinzeln. Sie trug eine dicke Baumwollhose und eine flickenbesetzte Baumwolljacke, beides schwarz und fadenscheinig zwar vom vielen Tragen, aber makellos sauber. Sie saß nur wenige Zentimeter von mir entfernt, fassungslos vor Staunen. Trotzdem strahlte sie große Würde aus; ab und zu drehte sie den Kopf, als wollte sie mir ihr Profil im Kerzenlicht zeigen. Fu Manchu saß unmittelbar vor ihr auf dem Boden, dämonisch grinsend wie ein Wasserspieler, als wartete er nur darauf, daß jemand versuchte, ihr zu nahe zu treten. Ich versuchte, mich mit diesen beiden zu unterhalten, aber sie verstanden mein Mandarin nicht, und ich verstand ihren Dialekt nicht, so daß wir uns nur ansahen,

während ich die Erdnüsse aß und mit dem Vater trank.
Ich holte das Album aus meiner Tasche und zeigte ihnen die farbigen Photos. So etwas hatten sie noch nie gesehen. Sie waren von der Schärfe und dem Glanz der Bilder überwältigt; mehrere Minuten verstrichen, bevor sich jemand nach den abgebildeten Personen erkundigte. Zwei Photos beeindruckten sie ganz besonders. Auf dem einen saßen vier Generationen meiner Familie im Wohnzimmer meiner Großmutter vor einer etwas aufwendigen Vorhangdekoration – diesen Vorhang fanden sie alle unvorstellbar schön. Das zweite Bild zeigte meine andere Großmutter neben meiner Mutter.
»Das soll deine Großmutter sein?« fragten sie. »Wie alt ist sie denn?« Als ich es ihnen sagte, schnalzten sie ungläubig mit der Zunge, und als ich auf meine Mutter deutete, schüttelten sie die Köpfe. »Sie ist zu jung, um deine Mutter zu sein, sie ist noch ein junges Mädchen. Und die andere, die du Großmutter nennst, sieht aus wie dreißig.« Ich fragte sie, warum diese Frauen in ihren Augen so jung aussahen. »Das ist doch ganz einfach, sie tragen so schöne Kleider. Nur junge Frauen tragen helle Farben. Und sie lächeln! Alte Damen lächeln nie auf Photos.«
Irgendwann später wandte sich die Großmutter an mich und zeigte auf den Cellokasten. Da erst bemerkte ich, daß alle Kinder so weit wie möglich von mir abgerückt waren, so daß ich mitten in

einem leeren Kreis hockte. »Sie möchten wissen, was das ist«, sagte Old Ding. Es ist ein *ta t'i-ch'in*, ein Cello, erklärte ich ihm. Er übersetzte es den anderen, worauf ein kurzer Wortwechsel folgte, und dann wandte er sich wieder an mich. »Was ist ein Cello?« Ich ging an den Kasten und öffnete ihn, worauf die Kinder vor Entsetzen aufkreischten und zwei sogar zu weinen begannen. Old Ding schüttelte sich vor Lachen. »Mein Bruder hat ihnen gesagt, da drin säße ein Gespenst, das kleine Kinder frißt!« Fu Manchu nickte eifrig. Ich nahm das Cello aus dem Kasten, und alle im Zimmer Versammelten holten tief Luft, schnalzten mit den Zungen und seufzten bewundernd. Ich setzte mich wieder und begann, die Funktionsweise des Instruments zu erklären, bemerkte dann aber, daß niemand auf mich oder das Cello achtete. »Es ist herrlich«, sagten sie immer wieder, und einer nach dem anderen stand auf, um dieses wunderbare Ding zu berühren – das rote Samtfutter, mit dem der Cellokasten ausgeschlagen war.

Nachdem sie den Samt gestreichelt hatten, wollten sie das Instrument hören. Ich stimmte es, wartete, bis alle saßen, und stimmte Bachs Erste Suite für Violoncello an. Sobald ich den Bogen über die Seiten führte, setzte eine lautstarke Unterhaltung ein, die sich vor allem um den Samt drehte. Ich dachte, ich hätte sie vielleicht mißverstanden und sie wollten mich gar nicht spielen hören, also brach ich ab. Nach und nach verstummten sie und sahen mich an. »Warum hast du aufgehört?« Ich war verwirrt, fing aber wieder an. Auf der Stelle begann die Unterhaltung aufs neue, die Kinder lachten und spielten mit dem Kasten, und Fu Manchu schlug dem dritten Bruder eine Kraftprobe im Armringen vor. Als ich den ersten Satz beendet hatte, sahen sie mich wieder an. »Ist das alles?« Ich muß gestehen, daß ich enttäuscht war, daß ihre erste Begegnung mit einem Cello und mit Bach sie so wenig beeindruckte. Aber dann fiel mir ein, was mir ein chinesischer Freund eines Abends bei einer Aufführung von Instrumentalmusik gesagt hatte, als das Publikum während der Darbietung redete, lachte, ausspuckte und umherging. Als ich nämlich feststellte, daß sich die Zuhörer unerhört unhöflich benähmen, entgegnete er, daß dies ganz im Gegenteil ein Zeichen dafür sei, daß sie die Vorstellung genießen würden. Er erklärte mir, daß die Mehrheit der Chinesen, die ja Bauern und Arbeiter sind, Musik als eine Art Hintergrund-Unterhaltung schätzen und als Untermalung für ein *jeh-nao* betrachten, was wörtlich übersetzt »Hitze und Lärm« bedeutet. *Jeh-nao* ist das chinesische Wort für Vergnügen, vergleichbar in etwa mit einem Vergnügungspark in Amerika, und Lärm und Bewegung gehören ganz wesentlich dazu. Ich begleitete also ihr *jeh-nao*, solange ich es ertragen konnte, dann stellte ich das Cello beiseite. Wieder ergriff die Großmutter das Wort, und diesmal verstand ich sie. »Sing uns ein Lied vor.« In meinem Gehirn herrschte Leere; nachdem ich einige Minuten krampfhaft überlegt hatte, fiel mir als einziges Lied die erste Strophe von *Scarborough Fair* ein. Gesang hatte offenbar eine andere Wirkung auf die Versammlung, denn jetzt herrschte vollkommene Stille. Als ich geendet hatte, klopfte mir die Großmutter mit einem ihrer winzigen Finger auf die Schulter. »Sing das noch einmal.« Ich sang die Strophe noch einmal, worauf sie mich bat, sie noch ein drittes Mal zu singen.

»Das Lied gefällt ihr«, meinte Old Ding und forderte mich auf zu singen, bis das Abendessen fertig sei. Die Kinder ersparten mir das durch ihr Protestgeschrei und ihren Einwand, daß wir jetzt alle genug Musik gehört hätten und es Zeit für eine Gespenstergeschichte sei. »Würdest du ihnen diesen Wunsch erfüllen?« fragte Old Ding. »Sie glauben, daß du spannende Gespenstergeschichten erzählen kannst, weil du selbst wie ein Gespenst aussiehst.« Ich sagte, das würde ich gerne tun, aber nur, wenn sich die Kinder so nahe zu mir setzten, daß ich sie berühren konnte; denn ich wußte, daß das die dramatische Wirkung noch steigern würde. Es dauerte eine Weile, bis sie den Mut dazu aufbrachten, aber nach einiger Zeit war ich von schaudernden Kindern umringt, die darauf warteten, sich in Angst und Schrecken versetzen zu lassen. Die Kinder hatten über die überall angebrachten Lautsprecher und in der Schule ausreichend Mandarin gehört, um mich zu verstehen, wenn ich langsam sprach. Ich dachte mir eine schreckliche Geschichte von einem hungrigen Gespenst aus, das sich in finsteren Zimmerecken und unter Betten versteckte und nur auf eine Gelegenheit wartete, an den Knöcheln kleiner Jungen und Mädchen mit blonden Haaren, sonderbar blauen Augen und langen, schmalen Nasen herumzuknabbern. Als die Kinder das hörten, wichen sie erschrocken zurück. »Soll ich euch zeigen, wie das Gespenst das macht?« fragte ich, und im Nu löste sich der ganze Kreis auf, verschwand hinter diversen Türen und beäugte mich für den Rest des Abends nur noch aus sicherer Entfernung.

Darüber amüsierten sich alle, am meisten Fu Manchu, der vor Vergnügen grunzte und versuchte, die Kinder einzufangen und sie zu mir zurückzuschleppen. Sie kratzten, traten und bissen ihn, was ihm nur noch mehr Spaß machte. Das hätte den ganzen Abend so weitergehen können, wenn nicht die Frau meines Freundes den Kopf zur Tür hereingestreckt hätte, um zu verkünden, daß das Essen fertig sei. Wir zogen alle in einen Vorratsraum im ersten Stock, der zum Essen ausgeräumt worden war; dort saßen wir auf umgedrehten Waschschüsseln an drei niedrigen Tischen.

Es wurden fünf oder sechs verschiedene Sorten von getrocknetem Fisch serviert, ein Schmorgericht mit frischem Fisch und chinesischer Petersilie, dann Wurst und dazu Reis, der aus einem riesigen schwarzen Eisentopf ausgeteilt wurde. Auf jedem Tisch stand eine große Schüssel mit einer Mischung aus frischen, scharfen und zerdrückten getrockneten Peperoni. Ein Hauch davon auf meinem Reis genügte mir, aber meine Gastgeber, die in den Peperoni eher ein eigenes Gericht als ein Gewürz sahen, vertilgten große Mengen davon. Anschließend gab es Tee, und mir fiel auf, daß fast alle, nachdem sie den Tee getrunken hatten, die Blätter aßen.

Plötzlich sprang Fu Manchu auf und sagte etwas, wobei seine Stimme ganz aufgeregt klang. Alle erhoben sich und räumten die Tische ab, trugen sie und die Waschschüsseln aus dem Zimmer, kamen dann zurück und lehnten sich an die Wände. Der Bruder grinste mich mit entblößten Zähnen an und sagte etwas, was ich nicht verstehen konnte. Old Ding tippte mir auf die Schulter. »Er möchte dir zeigen, wie stark er ist. Schau her!« Der Bruder entblößte sich bis zur Taille, und zum Vorschein kamen ein gewaltiger Brustkorb und Arme mit eisernen Muskelpaketen. Er ließ sich nach vorne fallen und begann, auf den Fingerspitzen Liegestütze zu machen, während die restliche Familie laut mitzählte. Bei fünfundsiebzig sprang er ohne Anzeichen von Ermüdung auf, nahm eine Kampfsportstellung ein und boxte hundertmal gegen einen imaginären Punchingball. Fast machte er den Eindruck, als wäre er verrückt geworden; im Anschluß an die Boxhiebe packte er ein mit kaltem Wasser vollgesogenes Tuch, drückte es über seinem Kopf aus und tanzte vor Freude, als ihm die eiskalten Tropfen über den Rücken rieselten.

»Jetzt bist du an der Reihe. Zeig ihm, wie stark du bist, und danach könnt ihr beide ringen!« meinte Old Ding.
Ich ließ mein Hemd lieber an, da es in dem ungeheizten Gebäude nur etwa fünfzehn Grad hatte, und ich begann meine Demonstration auch nicht mit Liegestützen. Ich führte eine Form des chinesischen Südstils aus, die nur sehr wenig Platz beanspruchte, und schmückte sie mit ein oder zwei gesprungenen Tritten aus, die ich gut beherrschte. Schweigen breitete sich aus, und Old Ding fragte, wer mein Lehrer sei. Als ich den Namen Pan nannte, hallte der Raum von Seufzern der Bewunderung wider. »Ist das wahr?« fragte er. Ich nickte. Sein Bruder stieß seine rechte Faust in die linke Handfläche, eine altmodische Respektsbezeugung, die vor allem unter Kampfkünstlern üblich ist, und murmelte etwas. »Er möchte von dir lernen«, übersetzte Old Ding, »und ringen möchte er nicht mehr.«
Spät am Abend kehrten Old Ding, seine zwei Brüder und ich zum Fluß zurück. Sie banden die beiden Boote los, die Brüder nahmen das eine und wir beide das andere, und dann ruderten wir flußabwärts. »Fahren wir nicht in die falsche Richtung?« fragte ich.
»Nein! Am Morgen sind die großen Fische flußabwärts.«
»Am Morgen?«
»Ja – warum? Möchtest du jetzt schon fischen?«

»Gehe ich denn am Morgen mit euch fischen?«

»Natürlich!«

»Und wo schlafe ich heute nacht?«

Er zeigte auf das Bambusdach. »Da drunter.«

Wir ankerten so weit flußabwärts, daß die Lichter der Stadt den Himmel nicht mehr erhellten. Die Sterne und ein beinahe voller Mond leuchteten hell über unseren Köpfen, und das Schwanken ihrer Spiegelbilder im Wasser verriet uns, wenn ein anderes Boot in einiger Entfernung vorbeiglitt. Auf jedem unserer Boote gab es einen kleinen Kohleherd, und an einer Stange vorn am Bug hing eine schwache, gelblich brennende Kerosinlampe. Ich sah, wie die Brüder mit rotleuchtenden Gesichtern und Händen die Boote für die Nacht fertigmachten, wie das kräftige Nußbraun der hölzernen Boote dort, wo der Schein der Lampen nicht mehr hinreichte, in Tiefschwarz überging, wie sich alles in dem klaren, schwarzen Glas ringsum spiegelte, und es kam mir vor, als wäre ich durch einen Zauber in einen japanischen Holzschnitt versetzt worden.

Als es Zeit war, schlafen zu gehen, legten Old Ding und ich uns Seite an Seite auf eine Matratze aus zerschlissenen Armeemänteln, die uns auch als Decken dienten. Das Boot war so schmal, daß unsere Rücken aneinander und unsere Gesichter an die Bootswand gedrückt wurden. Old Ding löschte die Kerosinlampe und schob das Bambusdach zurück, so daß wir zum Himmel aufblicken konnten. Dann fingen wir an zu reden.

»Wie weit weg ist Amerika?« Als ich es ihm sagte, kicherte er. »Unsinn, so groß ist die Welt gar nicht!« Er fragte, ob ich schon einmal den Ozean gesehen habe, und als ich ja sagte, wollte er wissen, welche Farbe er hatte. Aus irgendeinem Grund glaubte er, er sei gelb. Er war auch der Meinung, Taiwan sei eine Insel vor der Küste Amerikas. »Habt ihr in Amerika Roboter, die genau wie Menschen aussehen? Ich habe gehört, daß ihr solche Roboter habt und daß sie manchmal wütend werden und Menschen umbringen.« Ich erklärte ihm, so gut ich konnte, daß es in unserem Land einiges an sehr eindrucksvoller Technologie gebe, aber bisher noch keine Roboter, die sich nicht von Menschen unterscheiden ließen. Er schwieg eine Zeitlang, und ich dachte schon, er sei eingeschlafen, aber dann kam noch eine Frage: »Ist der Mond höher als das Weltall?« Ich dachte lange darüber nach, mußte schließlich jedoch zugeben, daß ich es nicht wußte. »Aber hast du gewußt«, sagte ich, »daß wir Menschen auf den Mond geschickt haben und daß sie da oben herumgelaufen sind?« Er schwieg einen Augenblick, dann brach er in schallendes Gelächter aus und zog das Bambusdach zu. Als ich aufwachte, spürte ich die winzigen morgendlichen Wellen gegen die Bootswand an meiner Wange schwappen. Old Ding wachte zur gleichen Zeit auf und schob das Bambusdach zurück. Dicker Nebel umgab uns, so dicht, daß wir das andere Boot in fünf Meter Entfernung kaum erkennen konnten. Wortlos machten die drei Brüder ihre langen Netze bereit, ließen sie ins Wasser gleiten und ruderten langsam auseinander. Wir warteten etwa eine halbe Stunde und ruderten dann wieder zusammen. Wir zogen die Netze herauf, doch es befand sich nichts darin außer Schlamm und Tang. »Ärgert es euch, wenn ihr nichts fangt?« fragte ich. Sie lachten, als hätte ich einen Scherz gemacht, meinten dann, eigentlich mache es ihnen nichts aus, nur wenn sie nicht viel fingen, würden ihre Frauen sie ausschimpfen.

Zwei Stunden vergingen, dann tauchte aus dem sich auflösenden Nebel ein drittes Boot auf. Es war der Vater, mit einem noch längeren Netz, das zwischen den drei Booten ausgeworfen wurde. Wir zogen es herein, und wieder war es leer. »Heute wird sogar Vater was aufs Dach kriegen!« schrie Old Ding, und alle hielten sich die Bäuche vor Lachen. Sie legten das Netz zusammen, und dann machten wir uns auf den Weg ans Ufer, um zu frühstücken. Wir ruderten zu einer Stelle, an der sieben andere Boote festgemacht hatten und die Frauen der Fischer an der Ufermauer standen und mit dem Frühstück warteten. Wieder mußte ich mich unter dem Bambusdach verstecken, und als Old Dings Frau mit einem Behälter voll gedämpfter Brötchen und Peperoni ans Wasser herunter kam, sprang ich heraus, begrüßte sie und sprang mit dem Essensbehälter wieder ins Boot. Die anderen Fischer und ihre Frauen sahen von der Mauer aus in verblüfftem Schweigen zu, wie wir das Brot unter uns aufteilten und zu essen begannen. Später wurde ich dann ordnungsgemäß vorgestellt, und wir vertäuten unser Boot neben den ihren und frühstückten gemeinsam. Nachdem alle gegessen hatten, ließen sie der Reihe nach die Hosen fallen, hängten sich seitlich über den Bootsrand hinaus und benützten den Fluß als Toilette. Gleichzeitig erklärte Old Ding, daß es Zeit zum Waschen sei. Er tauchte eine Blechtasse in das dreckige Wasser, spritzte es sich über Gesicht und Hals und forderte mich auf, es ebenso zu machen. Zur allgemeinen Verwunderung lehnte ich ab.

»Wäschst du dich nicht?«

»Schon, aber nicht jeden Tag. Morgen wieder.«

Dann ging es ans Zähneputzen. Wieder schöpfte er Wasser mit seiner Tasse, tauchte ein Stück Stahlwolle hinein und steckte es dann in den Mund, um darauf herumzukauen. Er gurgelte mit einem Mundvoll Wasser, dann spuckte er die Stahlwolle aus.

»Hier, du bist dran.« Wieder lehnte ich ab, und alle waren sich einig, daß es schon seltsam sei, daß Amerikaner, die doch angeblich in einer phantastischen Zukunftswelt lebten, so wenig Sinn für Körperhygiene hatten.

Schließlich mußte ich an den Heimweg denken, aber sie baten mich inständig, zu bleiben. »Warum wohnst du nicht bei uns, hier auf den Booten? Dein Quartier ist nicht weit weg, du könntest jeden

Morgen mit dem Rad zum Unterricht fahren und nachmittags wieder zurück. Wenn du möchtest, bekommst du auch ein eigenes Boot.«

Ich sagte, es sei sehr freundlich von ihnen, mir das anzubieten, aber ich hätte eine Menge Bücher und andere Sachen, und so viel Zeug würde auf einem Boot nicht Platz haben. Sie meinten, wir könnten doch zusammenlegen und noch ein Boot kaufen, nur für meine Bücher. Ich dankte ihnen nochmals, mußte ihr Angebot aber ablehnen; ich versicherte ihnen jedoch, daß ich sie besuchen würde, sooft es ging. Man sah ihnen die Enttäuschung an, aber sie bedrängten mich nicht weiter, sondern brachten mich zurück an die Stelle, wo ich ihnen zum erstenmal begegnet war. Ich sprang ans Ufer, kletterte mit meinem Cello die Hochwassermauer hinauf und drehte mich um, um noch einmal zu winken, bevor ich dahinter verschwand. Sie hatten sich nicht von der Stelle gerührt, da sie darauf warteten, daß ich mich umdrehen würde, winkten mit beiden Armen und schärften mir ein, wiederzukommen und nach ihnen Ausschau zu halten.

Den Rest des Tages verbrachte ich damit, über die Nacht auf dem Boot nachzudenken. Lehrerin Wei drohte mir, daß ich mir ihren Zorn zuziehen würde, wenn ich mich davonmachte, um mit den Fischern auf dem Fluß zu leben, denn dann würde sie wahrscheinlich meine Kurse übernehmen müssen. In dieser Nacht schlief ich unruhig; ich träumte, daß ich mir die Ohren abgerissen hatte, um sie zu säubern, und sie unter einem gräßlichen Zwang in Stücke biß. Bekümmert wachte ich auf, stellte jedoch zu meiner Erleichterung fest, daß meine Ohren nicht verstümmelt waren. Ich machte mich fertig und öffnete die Tür, um das Haus zu verlassen. Um die Veranda herum hatte sich eine Traube alter Damen versammelt, die auf dem Weg in den Speisesaal zum Frühstück waren; voller Neugier betrachteten sie etwas, was da auf den Stufen stand. Es war eine große Waschschüssel mit einem Fisch von solchen Ausmaßen, daß Kopf und Schwanz über den Rand bis auf den Boden hingen.

Pan lernt Schreibschrift

Ein Ausreißer

Lehrer Schwarz

In einer Galerie

Pan lernt Schreibschrift

Ich genoß die Zeit sehr, die ich mit Pan verbrachte, wenngleich ich zugeben muß, daß ich die Stunden, in denen er mir *wu-shu* beibrachte, denen vorzog, in denen er mir beibrachte, wie ich ihm Englisch beibringen sollte. Besonders deutlich erinnere ich mich an den Tag, an dem er beschlossen hatte, die Uhrzeit zu lernen, und mich damit fast zum Wahnsinn trieb. Irgendwo hatte er eine defekte Uhr aufgetrieben, stellte ihre Zeiger genau auf zwölf Uhr und fragte dann, wieviel Uhr es sei. Nachdem er zufrieden »Es ist zwölf Uhr« wiederholt hatte, drehte er den Minutenzeiger genau eine Minute weiter auf zwölf Uhr eins. »Wieviel Uhr ist es jetzt?« fragte er.

Doch schließlich kam immer irgendwann der Zeitpunkt, zu dem wir Kassettenrecorder und Uhren beiseite legten und zum Trainingsraum hinüberradelten, und, so kurz der Unterricht auch sein mochte, schien er mir doch jedesmal soviel wert wie ein lebenslanger Englischunterricht. Für Pan hätte ich trainieren können, bis es mir das Herz zerriß, und wenn er mir bei den Gelegenheiten, bei denen das beinahe der Fall war, dann zulächelte, glaubte ich, ich müßte vor Freude und überquellender Kraft gleich vom Boden abheben.

Nach jeder Unterrichtsstunde erzählte Pan mir eine Geschichte über seinen eigenen Weg bis hin zur Meisterschaft. Er war der jüngste von mehreren Brüdern und hatte seinen Vater verloren, als er noch sehr klein war. Seine älteren Brüder gaben ihn zu einem Schmied in die Lehre und mißbilligten sein Interesse an der Kampfkunst, weil sie das für Zeitverschwendung hielten. So übte er heimlich nachts und suchte fünfzehn der bedeutendsten Meister Chinas auf, deren Lieblingsschüler er bald wurde. Jahr um Jahr arbeitete er tagsüber in der Schmiede und absolvierte nachts sein unerbittliches Training; wenn er nach Hause kam, war die restliche Familie längst zu Bett gegangen. Nicht einmal seine Nachbarn wußten von seinem Hobby, da Pan vermeiden wollte, daß ihn jemand sah, bevor er soweit war. Als jener Tag nahte, meldete er sich zum Landeswettbewerb in Peking, nahm sich eine Woche Urlaub und wurde, ohne daß er einen anständigen Kampfanzug oder auch nur Turnschuhe besessen hätte, Chinas Grand Champion.

Es gab jedoch einiges, was unserem Unterricht im Weg stand. Ein Problem bestand natürlich darin, daß unsere Beziehung von offizieller Seite argwöhnisch betrachtet wurde. Im Laufe der Zeit gelang es mir, die Verantwortlichen an der Hochschule davon zu überzeugen, daß es für mich nicht sehr

»angenehm« sei, wenn man mir die Erlaubnis verweigerte, meinen Lehrer aufzusuchen, aber die Leitung des Sportzentrums, die ich nie zu Gesicht bekam, dachte anders darüber. Als ich während meines zweiten Jahres eines Tages ein englisches Tonband für Pan abgeben wollte, hielt mich eine Aufseherin am Tor an. »Du darfst hier nicht mehr rein«, sagte sie. »Laß dich nie wieder blicken.« Ich bat das Ausländerbüro, der Sache nachzugehen und festzustellen, was da schiefgelaufen war. Die erste Erklärung des Sportzentrums hörte sich etwa so an: »Chinesisches *wu-shu* ist ein Geheimnis der Landesverteidigung und darf als solches nicht an Ausländer weitergegeben werden.« Das war natürlich Unsinn, also baten wir um Angabe eines triftigeren Grundes. Die nächste Erklärung, nämlich daß Meister Pan sich auf einer sehr langen Reise befinde, wäre glaubwürdiger gewesen, hätte Pan sich nicht just zu diesem Zeitpunkt in meinem Zimmer aufgehalten. Für die dritte Erklärung konnten wir uns schon eher erwärmen. Man befürchtete, ich könnte ein Spion sein und mir Zugang zu »internen Dokumenten« verschaffen, die in den Büroräumen unterhalb des Trainingsraums aufbewahrt wurden und solche Staatsgeheimnisse enthielten wie etwa Angaben über die Anzahl der Sportler in diesem Zentrum, ihre Namen, Geburtsdaten und so weiter. Nach mehreren Wochen jedoch bekam unsere Hochschule die am ehesten einleuchtende Erklärung.

China erlebte zu dieser Zeit eine landesweite Säuberung von inkompetenten, radikal linksorientierten Elementen, die unter der Beziehung »Ausrichtungsbewegung« durchgeführt wurde. Das bedeutete, daß Kader auf allen Ebenen überprüft und entsprechend den Ergebnissen auf andere Posten verschoben wurden. Es ging das Gerücht, es habe innerhalb der Führungsschicht des Sportzentrums eine Menge personeller Veränderungen gegeben; doch niemand wußte Genaues. Jedenfalls war anzunehmen, daß eine Gruppe neuer, zukunftsorientierter, gemäßigter Progressiver das Ruder übernommen hatte. Es mag seltsam erscheinen, daß ihr erster Schritt in Richtung Modernisierung und »Öffnung zum Westen« darin bestand, mir zu verbieten, das Gelände zu betreten. Aber zu dieser Zeit befand sich China mitten in einer anderen landesweiten Bewegung, der »Bewegung gegen die geistige Verschmutzung«, wobei sich »geistige Verschmutzung« auf westliche Ideen und Gepflogenheiten bezog. Die neuen Führer setzten sich in ihrem Bereich für die Einführung westlicher Management- und Schulungsmethoden ein, mußten aber gleichzeitig ihre feste Entschlossenheit demonstrieren, ihren Bereich vor dem ansteckenden Einfluß einer Person aus dem Westen zu schützen. Es wurden keine weiteren Erklärungen abgegeben, und so sah ich den Trainingsraum und die Kampfsportler nie wieder. Von da an unterrichtete mich Pan frühmorgens auf dem Dach eines öffentlichen

Badehauses, wo wir allen möglichen Drähten, Bergen von Dachpappe und Dampfsäulen ausweichen mußten, die aus den Ventilationsschächten unter unseren Füßen in die Höhe schossen.
Ein weiteres Problem war die Zeit. Pan begleitete das Kampfsport-Team auf all seinen Reisen zu Vorführungen oder Wettbewerben. Eine dieser Reisen führte ihn für einen Monat nach Shanghai, eine andere drei Wochen lang nach Wuhan, und eine Reise nach Singapur und Hongkong beanspruchte ihn mehr als zwei Monate. Seine Kampfsportler traten oft in benachbarten Regionen Hunans auf, was jeweils vier bis fünf Tage Vorbereitung erforderte, und gelegentlich mußte Pan auch allein durch die Provinz fahren, um neue Mitglieder für die Truppe auszuwählen. Er wußte zuvor nie, wie lange diese Reisen dauerten oder ob man ihn während so einer Reise vielleicht plötzlich für irgendwelche Filmarbeiten nach Peking oder Hongkong rief. Da ich seine Einheit nicht aufsuchen konnte, wußte ich nie, ob und wie lange er sich noch in der Stadt aufhielt, bis er irgendwann bei mir auftauchte. Ich lebte in der ständigen Angst, er könnte kommen, wenn ich zufällig nicht zu Hause war, und wieder für mehrere Wochen verschwinden, was häufig der Fall war. Vor seinen langen Reisen gelang es ihm jedoch immer, mich aufzuspüren und mich reichlich mit neuen Hausaufgaben zu versorgen; dann wieder tauchte er manchmal wochenlang jeden Morgen um fünf Uhr auf dem Dach auf. »Wenn ich

zurückkomme, muß das sitzen«, sagte er dann und verschwand.

Was sein Englisch betraf, so gab es etwas, was ihn vorübergehend vom Auswendiglernen der mündlichen Englischübungen ablenkte und den Aussagen seiner Frau zufolge nahezu seine gesamte Freizeit in Anspruch nahm. Offenbar hatte Pan in meinem Zimmer den handgeschriebenen Brief eines Freundes gesehen. Er muß davon so beeindruckt gewesen sein, daß er auf der Stelle beschloß, Schreibschrift zu lernen, obwohl er noch gar keine Druckbuchstaben schreiben konnte. Aller Protest war vergeblich. Ich schrieb mehrere Textbeispiele auf, die er abschreiben konnte, und kam nur mit knapper Not darum herum, sämtliche Übungssätze nochmals in Schreibschrift niederzuschreiben.

Seine Frau spürte meine Frustration, und als Pan eines Abends an einem Tischchen saß und in seinen kleinen Notizblock, den er stets bei sich trug, Briefe abschrieb, flehte sie ihn an, doch Vernunft anzunehmen und mich ihm Englisch auf meine Weise beibringen zu lassen. »Schließlich ist Englischunterricht sein Job«, stöhnte sie.

Pans Augenbrauen schnellten hoch, und er blitzte sie an. »Keiner von euch versteht mich«, flüsterte er. »Niemand versteht mich so gut wie ich mich selbst.« Dann hob er ein Eßstäbchen auf. »In der Hand eines gewöhnlichen Mannes ist das schlicht und einfach ein Eßstäbchen.« Er fixierte es einen Augenblick, versetzte es dann so blitzschnell in

Bewegung, daß man mit den Augen gar nicht folgen konnte, und brachte es knapp einen Zentimeter von meiner Kehle entfernt vibrierend zum Stillstand. »In meinen Händen wird daraus etwas anderes. Du hältst es für unsinnig, daß ich Schreibschrift schreiben will, aber ich tue, was ich will, und wer weiß, was ich damit noch machen werde? Wer weiß, was aus diesen Buchstaben wird, wenn ich sie mir erst einmal angeeignet habe?« Seine Augen bohrten sich in meine, dann glitt ein jungenhaftes Lächeln über sein Gesicht, und er machte sich an den nächsten Buchstaben.

Ein Ausreißer

Es war sieben Uhr; ich trank meinen Kaffee aus und überlegte, ob ich Bill aufwecken sollte. Er verschlief fast nie, schon gar nicht an Tagen, an denen er vormittags Unterricht hatte. Ich ging zu ihm hinüber und klopfte an seine Zimmertür. »Einen Augenblick«, rief er, dann öffnete er die Tür einen Spalt. »Ich komme gleich. Ich habe Besuch, und der ist noch nicht aufgewacht.«

Ich schlurfte in den Aufenthaltsraum und berichtete den anderen davon. Erstaunt sahen wir uns an und warteten schweigend.

Ein paar Minuten später kam Bill mit seinem Besucher herein; es war ein elfjähriger Junge mit buschigen, dunklen Augenbrauen und schmalen Augen, die mich furchtlos ansahen. Über sein Gesicht zogen sich Schmutzspuren, seine Kleider waren zerschlissen, und seine Schuhe strotzten vor Dreck.

»Er tauchte gegen halb fünf Uhr hier auf«, erklärte Bill. »Er ist um drei Uhr früh in Changsha aus dem Zug gestiegen und dann vom Bahnhof bis hierher gelaufen. Ist das nicht unglaublich?«

»Und wer ist das?« fragte Bob.

Bill setzte sich, kratzte sich an der Stirn und erzählte uns dann, woher er den Jungen kannte. »Ich weiß, daß es unglaublich klingt, aber er ist ein Ausreißer, den ich im vergangenen Jahr in der Provinz Ssu-chuan getroffen habe! Ich bin auf den Berg E-mei gestiegen, als dieser Junge sich mir anschloß und fragte, ob er eine Zeitlang mit mir herumfahren könne. Er erzählte mir, er stamme aus einem Dorf in Hunan, sei aber mit etwa neun Jahren zu der Einsicht gelangt, daß er keine Lust habe, zu Hause herumzuhängen, und sei abgehauen, um durch die Welt zu fahren. Er erzählte, er habe zwei Brüder und eine Schwester, doch ein paar Stunden später waren es drei Schwestern und kein Bruder, und wenn ich mich recht erinnere, hatten wir uns zuletzt auf drei Brüder und zwei Schwestern geeinigt. Er sagte, er würde mit dem Verstand reisen und kein Geld brauchen; niemand würde ihn nach einer Fahrkarte fragen, da alle davon ausgingen, daß er irgendein Kind sei, das im Zug nicht bei seinen Eltern sitzen mag. Wir blieben zwei Tage beisammen, dann mußte ich abreisen. Er wollte mitfahren, aber ich machte ihm klar, daß das nicht ging. Ich gab ihm meine hiesige Adresse und schlug vor, er solle mir ab und zu schreiben. Vor etwa sechs Monaten bekam ich einen Brief von ihm. Er war wieder zu Hause und schrieb, er habe die Sache mit seinen Eltern besprochen, und sie seien damit einverstanden, daß er mein Adoptivsohn würde! Also frage er mich hiermit, ob ich ihn mit nach Amerika nehmen würde. Falls nicht, könnte ich ihm dann nicht einfach ein paar hundert Dollar in ausländischer Währung schicken? Ich weiß nicht mehr, ob ich geantwortet habe oder nicht. Jedenfalls nehme ich an, daß er wieder auf Achse ist.«

Bill fragte den Jungen, ob er Tee wolle. Der Junge schüttelte den Kopf. »Nein. Ich trinke keinen Tee mehr. Ich möchte Kaffee. Das ist doch das Zeug, das ihr ausländischen Onkels trinkt, oder?« Bill lachte und fragte ihn, ob er schon einmal Kaffee getrunken habe. »Nein. Aber ihr trinkt ihn doch, nicht wahr, Onkel Bill? Gib mir auch was davon.«

»Stellt euch mal vor«, sagte Bill, während er Kaffee eingoß, »eine Gesellschaft wie diese, in der es Vorschriften gibt, die alles und jedes verbieten – und da beschließt dieses elfjährige Kerlchen einfach, abzuhauen und sich die Welt anzuschauen, und niemand hält ihn auf. Das kommt mir vor wie aus einer Geschichte von Mark Twain.«

Der Junge nippte an seinem Kaffee und schnitt eine Grimasse. »Bitter. Darf ich mal eure Toilette benutzen?« Bill führte ihn in unser Bad und zeigte ihm, wie die westliche Toilette funktionierte.

Als der Junge ein paar Minuten später zurückkam, fragte Bill ihn: »Fahren andere Jungen auch um die ganze Welt, so wie du?«

»Nein.«

»Und warum tust du es dann? Was unterscheidet dich von den anderen?«

Während Bill am nächsten Tag seinen Unterricht hielt, leistete ich dem Jungen Gesellschaft; er begleitete mich beim Sammeln von Requisiten für die abendliche Vorlesung zum Thema »Kriminalität und Strafvollzug in Amerika«. Bob und Marcy hielten diese Vorlesung, aber ich hatte versprochen, dazu beizutragen, indem ich mich als Polizist verkleidete und Bob dabei erwischte, wie er Marcy überfiel.

Der Junge zeigte großes Interesse an der Sache und fragte, ob er mitkommen und zusehen dürfte. »Ich mag das Theaterspielen«, sagte er. »Ich kann auch Theater spielen. Aber es wäre sicher interessant, euch ausländische Onkel spielen zu sehen. Aber ich glaube, ich sollte etwas Englisch lernen, damit ich verstehe, was ihr heute abend sagt.« Ich erklärte ihm, ein Vormittag würde wohl kaum ausreichen, um Englisch zu lernen, doch sei ich davon überzeugt, daß er sehr schnell lernen würde, wenn er sich Mühe gab.

»Ja, das glaube ich auch. Ich lerne sehr schnell.«

Als ich meinen Schrank aufmachte, um eine Wollmütze für Bob herauszuholen, entdeckte der Junge einen Säbel, der an einem Kleiderbügel hing. »Onkel Bill hat mir erzählt, daß du chinesisches *wu-shu* lernst. Lernst du auch schnell?«

»Na ja, ich bezweifle, daß ich so schlau bin wie du.«

»Hm. Mußt du aber, denke ich. Wahrscheinlich schlauer als ich, denn du sprichst Chinesisch und Englisch. Ich spreche nur Chinesisch. Ja, ich bin sicher, daß du schlauer bist als ich.«

Dieser Ansatz von Bescheidenheit milderte mein Urteil über ihn. Ehrlich gesagt, mochte ich diesen Jungen bis zu diesem Zeitpunkt überhaupt nicht. Ich selbst war mit elf Jahren klein für mein Alter gewesen, schwächlich und schüchtern, wehleidig und feige. Ich wurde ständig von gewitzten, selbstbewußten Jungen wie diesem da, die sich anscheinend alles leisten konnten, verhauen oder gehänselt. Die lässige Überheblichkeit dieses Jungen und die Selbstverständlichkeit, mit der er zum Mittelpunkt in unserem Haus geworden war, machten mir zu schaffen. Vielleicht spürte er meine Ablehnung, denn er gab sich große Mühe, höflich mit mir zu reden.

»Würdest du mir etwas von deinem *wu-shu* zeigen? Onkel Bill sagt, daß du sehr hart daran arbeitest, deshalb ist dein *wu-shu* sicher sehr gut.« Ich merkte, daß mir der Junge allmählich besser gefiel. Wir gingen vors Haus, und ich zeigte ihm eine Form mit dem Säbel; als ich fertig war, klatschte er und fragte ausgesprochen nett, ob ich ihm noch eine vormachen würde. Kaum hatte ich angefangen, da tauchte wie üblich eine Horde sechs- bis achtjähriger ungezogener Bengel auf, die ausgesprochen lästig waren. Sooft ich übte, umringten sie mich, kreischten, piekten mich mit spitzen Zweigen und sangen unablässig *»wai-kuo-jen, wai-kuo-jen!«* – Ausländer, Ausländer. Wenn ich sie zu verjagen versuchte, brüllten sie vor Lachen, wurden noch frecher und stachelten sich gegenseitig dazu an, vorzupreschen und meine Beine zu berühren. Ständig gingen Erwachsene vorbei und sahen das mit an, aber nie kam mir jemand zu Hilfe. Freche kleine Jungen nennt man in China »kleine Teufel«, und man hat seinen Spaß an ihnen. Deshalb mußte ich mein Training meistens unterbrechen, ins Haus gehen und abwarten, bis ihnen langweilig wurde und sie sich trollten.

Als die kleinen Kerle anfingen, mich mit ihren Zweigen zu pieksen, hörte ich auf und sagte zu dem Ausreißer, er solle für ein paar Minuten mit mir ins Haus gehen. Sofort erfaßte er die Situation, aber anstatt mir zu folgen, pflanzte er sich vor dem Anführer der Horde auf und hielt ihm eine kräftige Standpauke. »Findest du es vielleicht höflich, was ihr gerade gemacht habt? Er arbeitet, und ihr stört ihn dabei! Habt ihr denn gar keine Manieren? Haben eure Mütter euch nicht beigebracht, wie man sich benimmt? Seht bloß zu, daß ihr verschwindet!« Verblüfft und eingeschüchtert, ließen die Jungen ihre Zweige fallen und machten sich ohne Widerrede davon. In meinen Augen war der Ausreißer jetzt ein Held. Ich führte für ihn alle möglichen *wu-shu*-Formen aus, kochte ihm Kaffee und zeigte ihm Photos von Amerika.

An diesem Nachmittag kam Genosse Hu wieder. Er hieß uns alle im Aufenthaltsraum Platz nehmen und berichtete dann, was er über den Jungen in Erfahrung gebracht hatte. »Wir haben Kontakt mit seinen Eltern aufgenommen; sie wohnen in einem

Dorf zwei Tagesreisen mit dem Bus von hier entfernt. Wie ihr wißt, ist er nicht das erstemal weggelaufen. Seine Eltern behaupten, er habe eine größere Geldsumme gestohlen, bevor er verschwunden ist.« Genosse Hu wandte sich an den Jungen und fragte ihn, ob er das Geld noch habe.

»Nein. Ich habe es ausgegeben.«

»Hast du denn überhaupt Geld?«

»Nein.«

»Du mußt jetzt mit mir kommen.« Genosse Hu wandte sich wieder an uns und sagte auf englisch: »Wir werden ihn morgen in einen Bus setzen, der ihn in sein Dorf bringt. Es tut mir leid, daß er euch solche Unannehmlichkeiten bereitet hat.«

Wir versicherten dem Genossen Hu, daß der Junge ein ausgesprochen angenehmer Gast gewesen sei, so daß wir hofften, man würde auf die Liste seiner Vergehen nicht auch noch »Belästigung von Ausländern« setzen.

An diesem Abend nach dem Essen kam der Junge noch einmal in unseren Aufenthaltsraum und setzte sich. »Ich möchte lieber wieder hier schlafen«, sagte er. »Und außerdem möchte ich heute abend eure Vorlesung erleben.« Wir nahmen ihn mit in die Vorlesung, und er saß die ganzen neunzig Minuten lang still in der letzten Reihe. Bob und Marcy blieben anschließend noch da, um Fragen zu beantworten, so daß der Junge mit mir zu unserem Haus zurückging. Während wir uns durch das Labyrinth von Toren und Mauern schlängelten, das auf unser

Grundstück führte, sagte er plötzlich: »Es gibt übrigens eine Abkürzung.«

»Wirklich?«

»Ja. Komm mit.«

Er führte mich, obwohl es stockfinster war, zu einem Loch in einer Mauer, das mir noch nie aufgefallen war. Wenn man hindurchschlüpfte, war der Weg nur noch halb so lang.

»Woher kennst du diese Abkürzung?« fragte ich schwer beeindruckt.

»Ich habe das Loch heute morgen bemerkt. Ich sehe solche Sachen.«

Später am Abend verkündete Bill, daß er den Jungen am nächsten Morgen zur Bushaltestelle bringen und ihm selbst eine Fahrkarte kaufen würde. »Hast du vor, wieder wegzulaufen?« fragte er ihn.

»Wahrscheinlich schon.«

»Verstehe. Und wohin gehst du das nächste Mal?«

»Nach Hongkong.«

Bill lachte überrascht. »Hongkong? Was weißt du denn von Hongkong?«

Der Junge bohrte in der Nase, bevor er antwortete. »Es ist ein großes Kaufhaus, nicht wahr?«

»Eigentlich nicht«, sagte Bill und griff nach der kleinen schwarzen Kunststofftasche, die der Junge stets bei sich trug – sein einziges Gepäckstück. »Ich hoffe, du hast nichts dagegen, aber ich schaue lieber mal hinein.« Der Junge verzog keine Miene. Bill machte die Tasche auf und zog ein paar Postkarten und Nippes aus unserem Aufenthaltsraum heraus.

»Das sind nur Andenken«, sagte der Junge.
Da es ausschließlich wertlose Sachen waren, steckte Bill sie wieder in die Tasche und sagte: »Man sollte nie etwas nehmen, ohne zu fragen, und wenn es noch so unwichtig ist.«
»Tut mir leid.«
Als ich aufwachte, war Bill bereits wieder zurück.
»Ist er fort?« fragte ich.
»Ja, ich habe ihn in den Bus gesetzt. Ich habe ihn in aller Frühe hingebracht, um keine Aufmerksamkeit zu erregen. Ich kann mir lebhaft vorstellen, wie jemand das Amt für Öffentliche Sicherheit alarmiert, weil er einen Ausländer gesehen hat, der auf dem Gepäckträger seines Rades einen chinesischen Jungen entführt. Aber was soll ich dir sagen? Ich fuhr gerade über die Brücke, und wer kam da von der anderen Seite vor dem Frühstück in voller Uniform dahermarschiert? Die gesamte Mannschaft des Amts für Öffentliche Sicherheit. So ein Pech! Jedenfalls habe ich den Jungen in den Bus gesetzt. Da ich die Fahrkarte gekauft hatte, nahm ich ihm das Versprechen ab, nicht unterwegs auszusteigen, sondern diesmal nach Hause zu fahren. Er sagte: ›Klar‹, winkte zum Abschied und sprang hinein – einfach so.«
An den folgenden Tagen war bei fast allen meinen Schülern der Junge das Hauptgesprächsthema. Sie stimmten fast alle darin überein, daß der Junge ein »übles Element« sei und bestraft werden müsse. Eine etwas ältere Ärztin allerdings äußerte eine

abweichende Meinung. Sie hatte mich schon einmal überrascht, als wir im Unterricht über den Ruhestand sprachen. In China dürfen viele Ärzte nicht in den Ruhestand gehen, und manche von ihnen haben noch nie Urlaub gehabt. Diese Frau hatte erklärt, sie habe diesbezüglich einen Plan: Sie wollte sich totstellen, sich in einen Sarg nageln und in ihr Heimatdorf fahren lassen, dann während des Begräbnisses herausklettern und sich als Geist ausgeben. »Dann könnte ich einen eigenen Garten haben und mich um meine Enkel kümmern.« Sie gab den anderen zwar recht, daß der Ausreißer ein böser Junge sei, »aber«, fügte sie leise hinzu, »dieser Junge hat Phantasie.«

Lehrer Schwarz

Im Sommer zwischen meinen beiden Jahren in China kehrte ich in die Staaten zurück, übte im Central Park die Formen, die Pan mir beigebracht hatte, und trank morgens, mittags und abends Milch-Shakes. Ich besorgte Noten für eine Sängerin aus Changsha, die sich selbst klassische Gitarre beigebracht hatte und sich dringend neues Notenmaterial wünschte. Ich brachte ihr die Noten im September, und sie versprach feierlich, sich für diesen Gefallen erkenntlich zu zeigen.

Eine Woche später erschien sie in der Hochschule mit einem auffallend gutaussehenden Mann, der etwa vierzig sein mochte und den Einheitsanzug der Berufssportler trug. Sie kam auf mich zu, um mich zu begrüßen, während der Mann sich höflich im Hintergrund hielt.

»Das ist Lehrer Hei«, sagte sie. »Sein Nachname ist sehr ungewöhnlich – er bedeutet ›schwarz‹. Die meisten Tänzer und Musiker in Changsha kennen ihn, weil er in der Abteilung Kunst und Kultur der Pädagogischen Hochschule von Hunan *wu-shu* unterrichtet. Ich kenne ihn nicht persönlich, aber vielen meiner Kollegen ist er bekannt. Sie behaupten, sein *wu-shu* sei ausgezeichnet. Sie behaupten auch – und das ist viel wichtiger –, daß er ein großartiger Mann ist. Als ich ihm von dir erzählte, erklärte er sich bereit, dir bei deinem Training zu helfen.«

Sie führte mich zu ihm und stellte uns vor. Er lächelte scheu und sagte: »Ich habe der jungen Dame wiederholt gesagt, daß mein *wu-shu* nicht gut genug ist, um dir von Nutzen zu sein, aber sie bestand darauf, daß ich trotzdem mitkomme.«

»Sei nicht so bescheiden«, entgegnete ich. »Sie hat eine sehr hohe Meinung von deinen Fähigkeiten.«

Er schüttelte den Kopf. »Mein *wu-shu* ist nicht aufregend. Dir als dem Schüler von Pan Qingfu wird es besonders bescheiden vorkommen. Pan Qingfu ist ein außergewöhnlicher Mann. Warum solltest du da zusätzliche Unterweisung brauchen?«

»Ich habe das große Glück, Meister Pans Schüler zu sein, aber weißt du, er ist ständig unterwegs. Und für mich ist es entmutigend, wenn ich niemanden habe, zu dem ich gehen kann und der mich dazu antreibt, es immer wieder zu versuchen.«

»Ich verstehe«, sagte er. »Ich werde dir helfen, so gut ich kann. Aber ich muß dich bitten, Meister Pan gegenüber nicht zu erwähnen, daß du mit mir arbeitest.«

»Warum nicht?«

»Versuche, das zu verstehen. Er ist in ganz China

berühmt als großer Kampfkünstler. Er hat sich dazu entschlossen, dich als Schüler anzunehmen, und deshalb sind natürlich viele Chinesen neidisch auf dich. Einige sagen, er unterrichtet dich, weil du eine enorme Zielstrebigkeit besitzt und hart arbeitest. Andere dagegen behaupten, der Grund sei der, daß du ein Ausländer bist – eine Art exotisches Schoßhündchen. Für Meister Pan bedeutet es ein großes Risiko, dich zu unterrichten. Wenn er erfährt, daß du mit mir arbeitest, wird er denken, daß du unzufrieden bist, und das wird ihn beleidigen, weil ich so unbedeutend bin. Bitte, laß das unser Geheimnis sein.«

»Wenn du meinst.«

»Das zweite ist, daß ich nicht möchte, daß du mich bezahlst oder mir irgendwelche Geschenke machst – das würde nur Probleme aufwerfen. Ich unterrichte zu meinem eigenen Vergnügen. Sag mir nur Bescheid, wann ich dich erwarten darf, damit ich darauf vorbereitet bin.«

»Das ist ungeheuer freundlich, Lehrer Hei, aber wie kann ich mich dafür erkenntlich zeigen? Es beschämt mich, wenn ich nichts für dich tun kann.«

Er schaute mich einen Augenblick an, dann lachte er. »Üben natürlich! Es klingt so einfach, aber so wenige Schüler tun es wirklich. Wollen wir gleich anfangen?«

Damit hatte die Sängerin ihr Versprechen eingelöst und verabschiedete sich, und Hei begann gleich auf dem Bürgersteig vor dem Haus, mir die Fußarbeit der zwei Stile beizubringen, die er am meisten schätzte, *hsing-i-chuan* und *pa-kua-chuan*. Diese Stile sind eng miteinander verwandt, so daß ein Meister des einen normalerweise auch den anderen beherrscht. Der Überlieferung zufolge wetteiferten im vergangenen Jahrhundert ein *hsing-i*-Meister und ein *pa-kua*-Meister miteinander; doch als mehrere Wettkämpfe, die sich über drei Tage hinzogen, keinen eindeutigen Sieger erkennen ließen, wurden sie Freunde und einigten sich darauf, daß ihre beiden Stile von jetzt an zusammen gelehrt und gelernt werden sollten. Nachdem Hei mir die Grundzüge der beiden Stile gezeigt hatte, führte er jeweils eine schwierigere Form aus, um mir einen Eindruck vom unterschiedlichen Charakter der beiden Schulen zu geben. Es war nicht schwer zu erkennen, daß sein Können alles andere als »gewöhnlich« war.

Nach einer Stunde Unterricht und einer Teepause schlug er vor, ich solle ihn nach Hause begleiten, dann wüßte ich für das nächste Mal gleich den Weg. Hei wohnte auf der anderen Seite des Flusses jenseits des Berges Yüeh-lu; die Fahrt dauerte fünfzig Minuten auf einer schmalen, miserablen Straße, auf der sich überladene Lastwagen, selbstgebastelte Traktoren, Schubkarren mit quiekenden Schweinen und Busse, die zwischen der Stadt und dem Land hin- und herfuhren, drängten. Als es etwa eine Meile vor unserem Ziel bergauf ging und ich in die Pedale trat, riß meine Fahrradkette. Wir schoben das Rad zu einem »Fahrradreparatur«-Stand am Straßenrand. Kaum hatte der Mann den Schock meines Anblicks überwunden, da schrillte eine Glocke, die das Ende des Nachmittagsunterrichts in der gegenüberliegenden Volksschule verkündete. Ein riesiges Eisentor tat sich auf und spuckte einen Schwall Kinder aus, die mich, sobald sie mich entdeckt hatten, wie ein riesiges Lebewesen umringten. Nach einer Ewigkeit war die Kette endlich gerichtet, und wir bahnten uns unseren Weg durch das Kindermeer. Etwas verwirrt fragte mich Lehrer Hei, ob ich immer solche Massen anzog, wenn ich Fahrrad fuhr.

»Ich fürchte, schon.«

»So... na ja, du bist ja auch eine Sehenswürdigkeit. Es gibt bei uns nicht viele Leute, die so aussehen.«

Ich fragte Lehrer Hei, ob die Leute in Changsha mich häßlich fanden. »O nein!« antwortete er rasch. »Nicht häßlich. Du siehst... interessant aus! Du hast ein ausgesprochen dreidimensionales Gesicht.«

Als wir sein Haus erreichten, hatte ich das Gefühl, als hätten wir Changsha endgültig verlassen. Er wohnte in einem kleinen, von Bäumen und terrassenförmig angelegten Gemüsebeeten umgebenen roten Backsteinhaus, das sich ein Stück unterhalb eines Orangenhains an den Fuß des Yüeh-lu schmiegte. Im Schatten eines Baumes in der Nähe des Hauses saß ein alter Mann und spielte *erh-hu*, ein chinesisches Saiteninstrument. Hei erklärte mir, daß in diesen zweigeschossigen Häusern die Lehrer der Abteilung Kunst und Kultur der Pädagogischen Hochschule untergebracht waren. Seine Nachbarn waren Maler, Tänzer, Musiker, Gelehrte und Sportler. Als wir in seine Wohnung traten, stürzte eine Schar Hühner, die nachts unter dem Herd schlief, herbei, um gefüttert zu werden. Hei bot mir einen Stuhl an; er selbst setzte sich auf einen Schemel am Fenster. Er streckte den Arm aus dem Fenster, vor dem ein junger Baum stand, und pflückte ein paar winzige, ovale Früchte.

»Magst du Kumquats?« fragte er. »Dieser Baum trägt sehr reichlich.«

Ich hatte noch nie eine frische Kumquat gesehen; ich sagte ihm, daß mir konservierte Kumquats gut schmecken, daß ich aber noch nie welche direkt vom Baum probiert hätte. Er ließ die Früchte in eine Blechtasse mit kochendem Wasser fallen, rollte sie eine Minute darin herum und gab mir dann eine. Er beobachtete mich aufmerksam, und als er sah, wie gut sie mir schmeckte, ging er hinaus, pflückte noch zwanzig und legte sie in meine Tasche. Dann stellte er mich seiner Frau vor, die darauf bestand, ich müsse ein paar Tee-Eier probieren, die sie soeben zubereitet hatte. Nachdem wir ausgemacht hatten, daß ich drei Nachmittage die Woche kommen sollte, verabschiedete ich mich und ging.

Als ich das nächste Mal kam, war Hei draußen in seinem Gemüsegarten beim Ernten einer Art Spinat. Er hörte meine Fahrradglocke und kam den

Hügel heruntergelaufen; die Lastenstange auf seinen Schultern bog sich unter dem Gewicht von zwei Kübeln Abwasser, das er als Dünger verwendete. Drinnen im Haus erwartete mich eine Tasse Tee, die er schon früher aufgebrüht und abkühlen hatte lassen, da er wußte, daß ich »kalte Drinks« mochte. Nachdem ich ausgetrunken hatte, richtete er mir ein paar Kumquats her, sah zu, wie ich sie verspeiste, und ging dann mit mir nach draußen zum Üben.

Während der Unterrichtsstunde hörte ich durch das Fenster über Lehrer Heis Wohnung Klavierspiel. Es klang wunderschön und war die perfekte Ergänzung zur ruhigen Grazie von Heis Bewegungen. Seine Schritte, Drehungen, Ausfälle und Stöße vollzogen sich in blitzschnellen, weichen Kreisen. Im Gegensatz zu Pans Augen, in denen subtile Gewalt blitzte, blickten Heis Augen wachsam, aber ausdruckslos, fast wie die eines Vogels. Als ich versuchte, den geradlinigen Faustschlag des *hsing-i* zu erlernen, monierte er als erstes, daß meine Schultern und Arme zu verkrampft seien. »Auch deine Hände sollten ganz locker sein«, sagte er, »und sich erst im Augenblick des Auftreffens anspannen und zustoßen.« Er nahm meine Hand in seine, um mir die richtige Stellung zu zeigen, und bemerkte dabei die Narben an meinen Knöcheln. »Du schlägst auf Eisen, wie ich sehe.«

Ich betrachtete seine Hände und stellte fest, daß sie keinerlei Spuren aufwiesen. »Trainierst du eigentlich deine Hände irgendwie, Lehrer Hei?«

Er spreizte die Finger und betrachtete seine Hände, als müßte er einen Entschluß fassen. »Nein, das tue ich nicht. Ich könnte wohl, aber um ehrlich zu sein, ich wüßte keinen triftigen Grund dafür. Was sollte ich mit so kräftigen Händen anfangen? Ich bin ein Hochschullehrer und ein Gärtner, kein Kämpfer. Das *wu-shu*, das ich ausübe, erfordert außerdem kein solches Training. Die Hände sollten beim Üben fließend und anmutig aussehen, als bestünden sie aus Seide. Sie werden nur für einen Augenblick hart, etwa wie das Ende einer Peitsche beim Knallen, dann sind sie wieder weich.«

Hei ging für ein paar Minuten ins Haus, um nach dem Essen zu sehen, das auf dem Herd schmorte; ich blieb so lange draußen und übte den geradlinigen Faustschlag. Unter einer Tür erschien eine alte Frau in schlichter weißer Bluse und grauem Rock; sie setzte sich auf einen Schemel, um mir zuzusehen. Ich lächelte sie an, und sie lächelte zurück, winkte mir zu und bedeutete mir durch Gesten, weiterzumachen. Ich übte noch eine Zeitlang, machte dann eine Pause und ruhte mich im Schatten eines Baumes aus.

»Ich finde es großartig, daß du deine Zeit hier in China so gut nützt«, sagte die alte Frau ganz unvermittelt. »Dein Lehrer meint, du seist ein außerordentlich eifriger Schüler.«

»Das ist sehr freundlich von ihm ...« Ich brach mitten im Satz ab und blinzelte sie ungläubig an. Sie hatte ihr Kompliment in fließendem Englisch gemacht. »Du ... du sprichst ja Englisch!«

»Aber ja, warum nicht? Ich bin in den Staaten aufgewachsen. Das wird wohl einige Zeit vor deiner Geburt gewesen sein.«

»Und jetzt lebst du hier in Changsha?«

»Ganz richtig. Ich wohne da oben. Du hast sicher das Klavier gehört; es war meines. Ich bin Klavierlehrerin. In den vierziger Jahren habe ich Piano studiert. Während der Revolution war ich in China, und natürlich wurde es damals schwierig, nach China einzureisen oder wieder auszureisen, und deshalb... nun, jetzt lebe ich eben hier.«

Ich wußte nicht, was ich sagen sollte. Sie stand auf, strich sich behutsam den Rock glatt und kam dann zu mir herunter. »Du kannst von Glück sagen, daß du einen Lehrer wie Mr. Hei hast. Er ist ein freundlicher und großherziger Mann. Siehst du diese vielen Pflanzen und Bäume ringsum? Die hat alle er gepflanzt. Diese Terrasse hat auch er angelegt. Und alles, was da wächst, teilt er mit der ganzen Nachbarschaft. Alle mögen ihn, weil er ein echter Gentleman ist. Jeden Morgen um vier Uhr steht er vor dem Haus und trainiert, und um fünf Uhr fährt er auf die andere Seite des Flusses hinüber, um im Park *wu-shu* zu unterrichten. Das macht er umsonst, stell dir vor! Wirklich, Menschen wie ihn gibt es nur selten.« In diesem Augenblick kam Lehrer Hei aus dem Haus. Die alte Frau sagte zu mir: »Und jetzt wieder an die Arbeit! Komm mich besuchen, wann immer du magst – ich habe Pulverkaffee, den mir eine Verwandte geschickt hat, und wenn du möchtest, könnte ich dir eine Tasse machen.« Sie winkte zum Abschied und verschwand im Haus.

»So also klingt Englisch«, meinte Lehrer Hei. Dann fragte er mich, wie es um meinen geradlinigen Faustschlag bestellt war.

Bis zum Winter war ich mit *hsing-i* und *pa-kua* ziemlich vertraut. Mein größtes Problem, so meinte Lehrer Hei, sei nach wie vor dasselbe: Ich entspannte mich nicht ausreichend. Er hatte darüber nachgedacht und war der Meinung, daß ich, falls ich mich ernsthaft mit dem weichen Boxen beschäftigen wollte, *t'ai-chi-ch'uan* lernen sollte, die wichtigste »weiche« Schule innerhalb des Kampfsports.

»Mein *t'ai-chi-ch'uan* ist nicht gut genug, aber ich kenne jemand, der ausgezeichnet ist. Wenn du möchtest, kann ich ihn fragen, ob er dich unterrichtet.«

Eine Woche später führte mich Lehrer Hei in ein kleines altes Haus im Stadtzentrum, dessen rohe Holzdecke der Rauch von Räucherstäbchen und Kohle schwarz gefleckt hatte. Hier stellte er mich Lehrer Yi und seinem Schwiegervater Old Zai vor; Yi war etwa vierzig, Old Zai Mitte Achtzig. Beide waren in ganz Changsha bekannte *t'ai*-Größen. Yi war Vorsitzender der *wu-shu*-Gesellschaft. Sie übten den in Changsha entstandenen *Wu*-Stil *t'ai* aus, dessen besonderes Charakteristikum darin besteht, daß man sich mit dem ganzen Oberkörper in die Angriffsrichtung beugt, anstatt in der aufrechten

Stellung zu bleiben. Die beiden Männer unterrichteten ihre Schüler hier im Haus, in einem Raum, der nicht größer war als viereinhalb mal zweieinhalb Meter. Während wir uns unterhielten, übten zwei fortgeschrittene Schüler »Schiebende Hände«, eine Art Sparring, bei dem man sich langsam und sanft bewegt, bis ein Partner spürt, daß der andere das Gleichgewicht verliert, sich dies sofort zunutze macht und seinen Gegner mit einem Stoß im richtigen Augenblick umwirft. Sie hatten beim Üben Zigaretten im Mund; von den Zigaretten und von mehreren Räucherstäbchen stieg so dicker Qualm auf, daß die Männer aussahen wie Gestalten in einer verschwommenen Traumlandschaft, die sich wanden und hin und her glitten wie Schlangen, dann plötzlich auseinanderfuhren, wobei einer stehen blieb und der andere gegen eine Wand krachte und zu Boden ging.

»Lehrer Hei hat mich gebeten, dir *t'ai* beizubringen«, sagte Yi schließlich. »Normalerweise würde ich das nicht in Betracht ziehen, weil du nur kurze Zeit hier sein wirst. Mein Vater und ich nehmen nur Schüler an, die bereit sind, wenigstens fünf Jahre lang zu lernen. Und selbst das ist erst der Anfang! Aber Lehrer Hei ist mein Freund, und außerdem meint er, es sei der Mühe wert; also schlage ich vor, daß du ab nächster Woche regelmäßig an drei Tagen kommst. Es wäre mir lieb, wenn du am frühen Sonntag morgen zur ersten Stunde kommen könntest.«

Als ich am folgenden Sonntag eintraf, führte er mich nicht etwa ins Haus, sondern sagte, ich solle wieder aufs Rad steigen und ihm folgen. Wir fuhren zum Haus eines jungen Mannes, ebenfalls eines Anfängers, der uns über den Fluß zum Yüeh-lu begleitete. Von dort aus stiegen wir zu einem alten taoistischen Tempel auf halber Höhe hinauf, wo uns ein neben dem Eingang sitzender junger Mann begrüßte. Er geleitete uns in einen Wohnraum und setzte uns Tee und Gebäck vor. Die Art, wie er sich bewegte, erschien mir irgendwie seltsam; als er den Raum verließ, sagte mir Yi, daß der Junge blind sei. »Aber sein *t'ai-chi* macht recht gute Fortschritte.«
Nach dem Imbiß verabschiedeten wir uns alle drei von dem jungen Mann und stiegen bis zu einer Lichtung knapp unter dem Gipfel auf, von der aus man den Fluß überblicken konnte. Dort forderte uns Yi auf, uns niederzusetzen und ihm bei der Ausführung einer Form zuzusehen; sie dauerte fast dreißig Minuten. Er vollführte sie so langsam, daß ich manchmal schon glaubte, er habe aufgehört sich zu bewegen, aber trotzdem hatte es den Anschein, als würden seine Kleider von der darunter geballten Kraft gesprengt. Anschließend brachte er uns die erste Bewegung der Form bei.
»Das wichtigste ist ein guter Anfang«, erklärte Yi. »Das hier ist die richtige Atmosphäre. Wenn ihr in Zukunft in meinem Haus oder anderswo übt und feststellt, daß euer Bewußtsein blockiert ist, dann schließt die Augen und erinnert euch an diese Umgebung.«

An einem heiteren Tag zwischen den kalten Regenfällen des Winters und den dampfenden des Frühlings nahm Hei zwei Speere mit auf den Berg zu einer Lichtung bei einem Orangenhain. Wir waren nicht als einzige auf diese Idee gekommen; kurz nachdem wir die Lichtung erreicht hatten, fand sich eine Lehrerin für klassischen chinesischen Tanz mit fünf Schülerinnen dort ein. Zuerst verbargen die Mädchen, die alle etwa fünfzehn sein mochten, vor Verlegenheit ihre Gesichter in den Händen; da ich nur wenige Meter von ihnen entfernt stand, konnten sie sich zunächst nicht konzentrieren. Allmählich beruhigten sie sich jedoch und begannen mit ihrem Tanz. Die ältere Frau sang, während die Mädchen, zierlich und mondgesichtig, mit seidenen Taschentüchern in den Händen tanzten. Die Taschentücher schienen in der Luft zum Leben zu erwachen, schwebten und umkreisten die Mädchen wie Vögel.

»Erinnerst du dich, daß ich dir gesagt habe, die Hände sollten sich bewegen, als wären sie aus Seide?« fragte mich Hei.

»Ja.«

»Nun, genau das meine ich. Ist das nicht herrlich?«

Dies schien mir eine gute Gelegenheit, eine Frage loszuwerden, die mich seit einiger Zeit beschäftigte.

»Ich habe eine Frage, Lehrer Hei.«

»Ja?«

»Manchmal beunruhigt mich etwas: Ich begreife nicht, warum ich so viel Zeit darauf verwende, *wu-*

shu zu lernen. Ich bin kein Kämpfer – ich habe noch nie in meinem Leben einen Kampf erlebt. Wozu also tue ich das?«

Hei überlegte eine Weile, ohne die Augen von den Tänzerinnen zu wenden. Dann sagte er: »Man braucht kein Kämpfer zu sein, um Freude an *wu-shu* zu haben. Wenn du wirklich für den Kampf trainieren würdest, würdest du nicht *wu-shu* betreiben. Du würdest Soldat werden.« Er zeigte auf den Speer in meiner Hand. »Schau ihn dir an. Glaubst du wirklich, daß man in diesem Jahrhundert noch irgendeine praktische Verwendung für so einen Speer hat? Kannst du ihn für den Fall eines Angriffs bei dir tragen und dich trotzdem wie ein anständiger Mann fühlen? Inzwischen ist das ein Kulturgegenstand und keine Waffe mehr. Aber sollen wir deshalb alle Speere wegwerfen und ebenso die Fähigkeiten, die wir im Umgang damit erworben haben? Ich glaube, kaum. Mir käme das wie Verschwendung vor.«

»Ich glaube, ich verstehe, was du meinst. Aber trotzdem, wie kann ich vor mir selbst all diese Bemühungen rechtfertigen?«

Lehrer Hei zuckte die Achseln; dann sagte er: »Ich weiß es nicht. Warum tanzt man mit Taschentüchern?«

»Ich glaube, *t'ai-chi-ch'uan* tut seine Wirkung«, sagte Lehrer Hei eines Nachmittags. »Du bist jetzt viel entspannter. Damit wäre ein Problem gelöst.

Du hast aber noch ein zweites, und das hat nichts mit Kampfkunst zu tun: Du ziehst dich nicht warm genug an! Du trägst einen dicken Armeemantel, wenn du mit dem Rad hierherfährst, aber auf der Fahrt gerätst du ins Schwitzen, und deshalb ziehst du ihn aus, sobald du ankommst. Auf diese Weise holst du dir mit Sicherheit eine Erkältung! Für das Klima von Hunan bist du einfach nicht entsprechend angezogen. Auch hier habe ich mich an einen Fachmann gewandt, der dir helfen soll – meine Frau. Sie glaubt, daß sie dieses Problem lösen kann.«

Er rief sie von draußen herein, wo sie Wäsche wusch. Sie ging an einen Schrank und holte einen wunderschönen Rollkragenpullover heraus. Er war aus dicker, pechschwarzer Wolle gestrickt. Ich probierte ihn an, und er paßte wie angegossen.

»Sie hat ihn selbst gestrickt«, sagte Lehrer Hei stolz. »Und er paßt, obwohl sie ihn ganz nach Augenmaß gemacht hat.«

Ich suchte nach passenden Worten, um ihr zu danken, aber sie unterbrach mich. »Er ist schwarz. Auf diese Weise wirst du dich, wenn du uns verläßt, an deinen Lehrer Schwarz erinnern.« Sie errötete und lief hinaus, um ihre Wäsche fertigzumachen.

In einer Galerie

An dem Tag, an dem ich mich selbst mit dem Schwert verletzte, war schon alles mögliche schiefgegangen. Mehrere Schüler hatten sich überhaupt nicht auf den Unterricht vorbereitet, ich war zu einer *wu-shu*-Stunde auf die andere Seite des Flusses gefahren, aber Lehrer Hei war nicht zu Hause, und als ich nach Hause kam und zu üben begann, zerrte ich mir in der ersten halben Stunde eine Sehne am Knie. Hinkend absolvierte ich die meisten Formen, wobei ich mir die, die ich damals gerade trainierte, nämlich das Betrunkene Schwert, für zuletzt aufsparte.

Diese Form hatte vor einiger Zeit der Schüler eines berühmten Schwertkämpfers kreiert, der eines Tages voller Verzweiflung die Flinte ins Korn warf, weil er glaubte, er würde nie über das Stadium hinauskommen, das er erreicht hatte. Er verließ das Haus seines Meisters, endgültig, wie er annahm, und begab sich umgehend in einen Weinausschank im nächsten Dorf. Dort betrank er sich. Als er heraustorkelte, sah er sich seinem Lehrer gegenüber, der ihm voller Abscheu ein hölzernes Schwert zuwarf und ihm erklärte, er solle sich auf eine ordentliche Tracht Prügel gefaßt machen. Doch es kam anders. Der Schüler, durch den Wein entspannt und dreist geworden, verabreichte dem Lehrer Prügel – vor den Augen aller anderen Schüler. Am nächsten Tag entschuldigte man sich gegenseitig, und alles war vergeben, nicht aber vergessen; die Schüler, die dem Kampf beigewohnt hatten, begaben sich in den Weinausschank und begannen mit dem Studium dieser neuen Methode. Meine Form erforderte es, in die Höhe zu springen, mich in der Luft zu drehen und in einer verrenkten Stellung auf dem Boden zu landen. Ich weiß noch, daß ich mitten in der Luft dachte, ich bin nicht hoch genug gesprungen, um richtig aufzukommen. Als ich am Boden auftraf, spürte ich einen scharfen Schmerz und mußte feststellen, daß ich mir die Spitze der knapp einen Meter langen Schwertklinge in den Oberschenkel gebohrt hatte. Dankbar dafür, daß ich keine schlimmere Stelle getroffen hatte, zog ich sie heraus, verband die Wunde und beschloß, einkaufen zu gehen, um mich etwas aufzuheitern. Während meiner ganzen Zeit in China hatte ich mir nie etwas anderes geleistet als Trainingsanzüge und *wu-shu*-Ausrüstung. An diesem Tag nun beschloß ich, mir ein Bild zu kaufen. Ich ging in eine Gemälde- und Kalligraphie-Galerie, die mir Hai Bin empfohlen hatte – ein riesiger Raum im zweiten Stock eines Nebengebäudes des Hunan-Museums –, und sah mich dort um. Außer mir befanden sich nur noch zwei Leute in diesem Raum, ein Verkäufer und ein älterer Chinese, der auf einem gepolsterten Stuhl vor sich hin döste. Der Verkäufer kam auf mich zu, nahm mich am Arm und führte mich von den »langweiligen«, einfarbigen Bildern, die ich mir ansah, weg in einen Teil des Raumes, in dem an der Wand ein Schild mit der Aufschrift »Willkommen ausländische Freunde« klebte. Dort hingen mehrere Dutzend farbenprächtiger Porträts von chinesischen Miniaturfrauen mit Wespentaillen und gewaltigen Busen, die in neckischen »Landestrachten« steckten, Beeren sammelten oder Wasser aus ländlichen Brunnen schöpften. Selbst wenn ich eine solche Abscheulichkeit hätte haben wollen, hätte ich sie mir nicht leisten können; ich erklärte dem Verkäufer, ich würde die »langweiligen«, einfarbigen Bilder vorziehen, und kehrte in diesen Teil der Galerie zurück.

Offenbar hatte der alte Mann auf seinem Stuhl unser Gespräch mit angehört, denn er stand auf, kam auf mich zu und beobachtete mich schweigend aus etwa zwei Meter Entfernung, während ich mir die Bilder ansah. »Du sprichst Chinesisch«, sagte er schließlich.

»Ja, ein bißchen.«

Er zündete sich eine Zigarette an, neigte den Kopf zur Seite und kniff die Augen zusammen. »Das ist unglaublich.«

»Aber nein«, entgegnete ich. »Ich lebe hier, da muß ich doch Chinesisch sprechen.«

»Du lebst hier?« fragte er und riß die Augen auf.
»Ja. Ich unterrichte an der Medizinischen Hochschule.«
Kopfschüttelnd klopfte er die Asche von seiner Zigarette. »Das ist unglaublich.«
Er schwieg ein paar Minuten, dann fragte er: »Die Bilder mit den kleinen Mädchen gefallen dir also nicht, was?«
»Nein, und dir?«
Ein breites Lächeln überzog sein Gesicht. »Ich bin Chinese! Wie könnte mir so etwas gefallen? Das ist für die Ausländer. Aber du bist ein Ausländer, und dir gefallen sie nicht. Was gefällt dir denn dann?«
Ich zeigte auf das Blatt, das mir am besten gefiel, eine kleine Tuschezeichnung mit drei Garnelen.
»Und warum gefällt es dir?« fragte er.
»Weil es einfach ist«, entgegnete ich.
Wir verglichen ein paar Zeichnungen und ein paar Kalligraphien, und dann bat er mich, ihm nach unten zu folgen. Am Fuß der Treppe zeigte er auf ein riesiges Wandgemälde, auf dem ein in Nebel gehülltes Tal mit lauter Soldaten, Jeeps, Lastwagen, Schornsteinen, Strommasten und Fernsehantennen zu sehen war. »Was hältst du davon?«
Ich gestand ihm, daß es mir nicht gefiel.
»Und warum nicht?« wollte er wissen. Wieder kniff er die Augen zusammen.
»Zu viele Jeeps«, antwortete ich, und er lachte, packte meine Hand und schüttelte sie ausgiebig.
»Du sollst wissen, daß ich dieses Wandbild gemalt

habe«, sagte er. »Du hast völlig recht. Es sind zu viele Jeeps drauf! Du weißt gar nicht, wie wohltuend es ist, jemanden das sagen zu hören! Allein dafür werde ich dir eine Landschaft malen, das verspreche ich dir!« Er schrieb mir seine Adresse auf und sagte, ich solle ihn heute in einer Woche nach der *hsiu-hsi* besuchen.

Als ich hinkam, begrüßte mich seine ganze Familie und setzte mir alle möglichen Sorten Nüsse, Sonnenblumenkerne, getrocknete Bohnen und Tee vor. Der Künstler, Meister Lu, holte ein Photoalbum mit Bildern seiner Lieblingsarbeiten hervor, die er verkauft hatte. Wie sich herausstellte, war er einer der berühmtesten Maler von Hunan, der vom Staat häufig Aufträge erhielt für Wandgemälde in wichtigen Gebäuden und Bilder für Würdenträger, die die Provinz besuchten. Schließlich machte er etwas Platz an der Wand und nahm eine soeben fertiggestellte Papierrolle von seinem Arbeitstisch. Er entrollte sie behutsam, hängte sie an einen Nagel hoch oben an der Wand und trat dann zurück, damit ich sie betrachten konnte. Es war eine Berglandschaft, ohne jedes Anzeichen von Industrialisierung, und darunter ein Gedicht in einem Kalligraphie-Stil, den er mich in der Gemäldegalerie hatte bewundern sehen. Meister Lu lehnte sich mit verschränkten Armen zurück, sog an seiner Zigarette und betrachtete das Gemälde aus zusammengekniffenen Augen. »Keine Jeeps. Nur Berge.«

Unpassende Lektüre

»Sie werden es nicht bereuen!«

Haarausfall

Üble Elemente

Unpassende Lektüre

Am ersten Oktober, Chinas Nationalfeiertag, veranstaltete die Ausländerbehörde der Provinz ein Bankett für alle Ausländer, die in Hunan lebten und arbeiteten. Vor dem Bankett hielt unser Gastgeber, ein hoher Repräsentant der Provinzverwaltung, einen Vortrag, mit dem er uns einen »kurzen Überblick über die derzeitige politische, ökonomische und soziale Lage der Provinz« geben wollte. Dieser kurze Überblick, der Satz für Satz ins Englische übersetzt wurde, erwies sich als eine recht umfängliche Litanei statistischer Daten, die allesamt beträchtliches Wachstum bewiesen, durchsetzt mit entschiedenen Erklärungen hinsichtlich Absichten und Zielen für das Jahr 2000 und dezidierten Aussagen darüber, daß diese Ziele erreicht werden würden. Der Regierungsvertreter saß völlig bewegungslos da, während er seine Rede hielt, bewegte seine Lippen nicht mehr als unbedingt erforderlich und zog sie nur am Ende längerer Passagen zu einem Lächeln auseinander; dann schwenkte er den Kopf wiederholt nach beiden Seiten, so daß sich dieses Lächeln gleichmäßig auf die Zuhörer verteilte.

Nach zwei Stunden zeigte der Übersetzer Anzeichen von Ermüdung. Als es darum ging, daß Sieg um Sieg erkämpft werden sollte, übersetzte er an dieser Stelle: »Und die breite kollektive Masse wird, mit Hilfe der Führungskraft der Chinesischen Kommunistischen Partei und unter dem Schutz der neuen Verfassung, die beim Zwölften Parteikongreß verabschiedet wurde … wird Krieg um Krieg erkämpfen, um das Ziel der Vier Modernisierungen bis zum Jahr 2000 zu realisieren.« In der dritten Stunde dann begann der arme Übersetzer, wirr zu reden, und stolperte über fast jeden Satz.

Niemanden allerdings ermüdete diese Angelegenheit mehr als das Publikum, denn von den fünfzig Ausländern, die hier versammelt waren, sprachen etwa zehn sowohl Englisch als auch Chinesisch, während die restlichen, zumeist Japaner und Rumänen, weder Englisch noch Chinesisch verstanden.

Knapp die Hälfte der Zuhörer waren Chinesen, zumeist Vertreter der Ausländerbehörde, ein paar Bürokraten aus der Stadtverwaltung und Übersetzer aus jenen Institutionen, die sich Spezialisten aus dem Ausland geholt hatten. Während ich sie so beobachtete, begriff ich auf einmal, warum sie kein Verständnis hatten für die Ungeduld der Menschen aus dem Westen bei langen, langweiligen Versammlungen. Die Chinesen nämlich haben ihr Durchhaltevermögen um ein Vielfaches gesteigert, weil sie jedem anheimstellen, ob er zuhört oder nicht. Während solcher Versammlungen reden sie miteinander, dösen ein, stehen auf, um sich zu strecken oder umherzugehen, und versuchen im allgemeinen erst gar nicht den Anschein zu erwekken, als hörten sie aufmerksam zu. Dies scheint den Redner, der seinerseits auch kaum vorgibt, sich für das, was er oder sie sagt, zu interessieren, durchaus nicht zu beleidigen.

Ein Chinese, der neben mir saß, hatte während der ersten beiden Stunden dieser Rede ganz ungeniert geschlafen. In der dritten Stunde schlug er die Augen auf, streckte die Hand nach seiner Teetasse aus und bemerkte dabei, daß ich ihn ansah. Er hatte eine extrem dicke Brille, ein aufgedunsenes Gesicht, und auf seiner Stirn standen ein paar Schweißperlen, die er mit einem schmutzigen Taschentuch wegwischte. Er sah mich lange Zeit völlig ausdruckslos an, dann fragte er mich plötzlich, was ich von der Ansprache hielte. Ich sagte, ich fände sie ziemlich langweilig, zu lange und voller Wiederholungen. Er verzog keine Miene und blickte mich weiterhin an. »Das kommt daher, weil du zuhörst«, sagte er und schlief wieder ein.

Durch Zufall traf ich diesen Mann bei verschiedenen Gelegenheiten wieder und unterhielt mich jedesmal ausführlicher mit ihm. Obwohl er anfangs recht zurückhaltend war, taute er nach und nach auf und sprach ganz offen über seine Interessen und Ansichten. Im Laufe der Zeit lernte ich ihn als einen sehr warmherzigen Menschen kennen, der trotz seiner steifen, ausdruckslosen Art durchaus Sinn für Humor hatte. Selbst wenn etwas noch so komisch war, erzählte oder hörte er es mit unbewegtem Gesicht an, wischte sich die Stirn und blickte mich durch seine ungeheuer dicken Brillengläser an.

Einige Zeit später kam er mich besuchen, um über ein Vorhaben zu reden, für das er Hilfe brauchte. Er übersetzte in seiner Freizeit Romane westlicher Autoren ins Chinesische und hoffte, sie eines Tages veröffentlichen zu können. Das Problem bestand darin, daß er, wie die meisten Chinesen, keinen Zugang zu Neuerscheinungen hatte – das hieß in diesem Fall: fast alles, was nach 1930 erschienen war. Er fragte mich, ob ich ihm einige zeitgenössische amerikanische Romane leihen könnte, die sich zum Übersetzen eigneten. Ich sagte, er könne sich aus meinem Bücherregal gerne so viele Bücher ausleihen, wie er wolle, und falls er etwas Bestimmtes im Kopf hätte, würde ich versuchen, es ihm zu besorgen. Anscheinend hatte er aber nichts Bestimmtes im Kopf, und so bat ich ihn, sich selbst ein paar Bücher herauszusuchen und sie mir bis zum Jahresende zurückzubringen.

Zu meinem Erstaunen kam er ein paar Wochen später wieder und hatte alle gelesen. Sorgfältig stellte er sie wieder ins Bücherregal, genau an die Stelle, an der er sie entnommen hatte.

»Wie haben sie dir gefallen?« fragte ich.

Ohne mit der Wimper zu zucken, antwortete er:

»Danke, sehr gut, aber ich fürchte, diese Bücher eignen sich nicht für eine Veröffentlichung in China. Sie enthalten Szenen und eine Sprache, die man hier als dekadent oder sogar pornographisch einstufen würde.«

Ich sagte, das täte mir aber leid, und überlegte, welche Bücher denn vielleicht besser geeignet sein mochten. Ich empfahl ihm ein paar Sammlungen mit Kurzgeschichten. »Das sind zwar keine Romane, aber doch Beispiele aus der jüngeren amerikanischen Literatur, und da es sich dabei um Englischlektüre für die Highschool handelt, nehme ich nicht an, daß sie sehr viel Pornographie enthalten.«

Wieder bedankte er sich und ging.

Etwa einen Monat später kam er zum dritten Mal, und wieder stellte er die Bücher sehr sorgfältig ins Regal zurück. Er wischte sich die Stirn ab und entschuldigte sich dafür, daß er sie so lange behalten habe. »Ich fürchte, diese Erzählungen sind für eine Veröffentlichung in China ebenfalls ungeeignet, denn ihre Helden verkörpern Pessimismus, Entfremdung und Individualismus – lauter Eigenschaften, die, wie du weißt, als der Sache des Sozialismus nicht dienlich gelten. Hast du noch etwas anderes?« Etwas verärgert mußte ich zugeben, daß mir unter den Büchern, die ich besaß, keines einfiel, das man als der Sache des Sozialismus dienlich hätte bezeichnen können. »Ich verstehe«, sagte er und schickte sich an zu gehen. Als er am Regal vorbeikam, fiel ihm ein dickes Buch auf, das zuvor noch nicht dagestanden hatte. Es war *Garp und wie er die Welt sah.* Er fragte, worum es da ginge, und ich lachte und sagte, er solle es doch selbst lesen. Er zog es heraus, steckte es in seine Tasche und sagte, das würde er machen.

Mehrere Monate vergingen. Als ich eines Tages in mein Zimmer kam, saß er steif auf einem Stuhl. Old Sheep hatte ihn warten sehen und in mein Zimmer geführt. Nachdem er mich begrüßt hatte, holte er das Buch aus seiner Tasche und entschuldigte sich dafür, daß er es so lange behalten hatte. »Es enthält viele Wörter, die in den meisten Lexika nicht zu finden sind«, sagte er, »und außerdem war es sehr lang.« Als ich merkte, daß er es nicht wie sonst wieder ins Regal stellte, fragte ich ihn, was er davon hielte. Er betrachtete es, schien ein paar Sekunden lang nachzudenken und schaute mich dann an.

»Dieses Buch«, begann er, »ist sehr, sehr unpassend.« Er machte eine Pause. Dann fuhr er fort: »Um ehrlich zu sein, ich habe in meinem ganzen Leben noch nie etwas so Unpassendes gelesen oder mir auch nur vorgestellt.« Wieder hielt er inne, den Blick noch immer auf mich gerichtet. Dann hob er das Buch etwas hoch und deutete mit dem Kinn darauf. »Darf ich es behalten?«

»Sie werden es nicht bereuen!«

Im zweiten Jahr entfiel der größte Teil meines Unterrichts auf eine Gruppe, die als Englischer Medizinerkurs von 1983 bezeichnet wurde. Diese Medizinstudenten im Alter zwischen siebzehn und zwanzig waren unter Hunderten von begabten Anfängern aufgrund ihrer hervorragenden Ergebnisse in einer Reihe von Englischprüfungen ausgewählt worden. Sie sollten das ganze erste Jahr zunächst nur Englisch lernen und dann ihr Medizinstudium beginnen, das von Englisch sprechenden Ärzten und Hochschuldozenten auf englisch durchgeführt wurde. Zwar bieten die Ausbildungsstätten für Medizin in ganz China ihren Studenten elementare Englischkurse an, aber unsere Hochschule war eine der wenigen, die einen ausschließlich in Englisch abgehaltenen Studiengang einrichtete. Dieses Programm war ziemlich umstritten; einerseits entsprach es der damaligen Politik der »Offenen Tür«, daß man vom Westen lernte, andererseits jedoch bedeutete die Durchführung der wissenschaftlichen Ausbildung auf englisch, daß China den Unterricht nicht aus eigener Kraft mit lediglich kosmetischer Unterstützung durch westliche Technologien modernisieren konnte. Außerdem hatten die meisten Angehörigen des Fachbereichs und der Hochschulverwaltung, die die Voraussicht besessen hatten, dieses Projekt zu unterstützen, diese Voraussicht gehabt, bevor die offizielle Politik es unterstützte, und waren dafür verwarnt oder bestraft worden. Kein Wunder also, daß alle, die mit dieser Sache zu tun hatten, von allen möglichen Seiten unter Druck gesetzt wurden.

Dieser Druck pflanzte sich unvermeidlich auf die dreißig Studenten jedes Englischen Medizinerkurses fort – meiner war der dritte. Bevor der eigentliche Unterricht begann, mußten die Studenten tagelang Marathonvorlesungen von politischen Funktionären über sich ergehen lassen, die ihnen einschärften, »die Hochschule, die Partei und das ganze Land« würden erwarten, daß sie Erfolge hatten. Erfolg bedeutete in diesem Fall: Sie mußten fließend Englisch lernen, sie mußten in ihren Prüfungen in Medizin bessere Noten bekommen als andere Studenten, um zu beweisen, daß sie nicht nachlässig wurden, sie mußten sich in ihren politischen Studien hervortun, um zu demonstrieren, daß sie den sozialistischen Geist nicht aus den Augen verloren hatten, und vor allem mußten sie jederzeit ein vorbildliches Verhalten an den Tag legen, um zu dokumentieren, daß ihr Kontakt mit Westlern sie nicht »korrumpiert« hatte.

In der ersten Stunde mußte ich mich vorne hinsetzen, während ein chinesischer Lehrer eine lange Rede über gutes Benehmen mit dem Titel »Die zwölf Gebote und die zwölf Verbote« hielt. Nachdem er fünfundvierzig Minuten lang Verhaltensmaßregeln erteilt hatte, stellte er endlich Jan, meine Korreferentin in diesem Jahr, und mich vor. Wir standen auf und begrüßten die Studenten, erhielten jedoch keine Reaktion. Die jungen Leute saßen völlig verschreckt und wie gelähmt da.

Wie durch ein Wunder tauten jedoch einige Studenten nach ein paar Wochen auf. Nachdem sie den Schock und die Angst davor, einzeln aufgerufen zu werden und nicht als Gruppe gemeinsam Antworten zu geben, überwunden hatten, wurde der Unterricht interessanter. Persönlichkeiten begannen sich herauszukristallisieren, und einige Studenten wagten es sogar, mit Phantasie und Humor zu experimentieren. Natürlich gab das irgendwann Ärger.

Eines Tages brachte Lehrerin Wu Terry Lautz in den Unterricht mit, den Bereichsleiter für Medizin der Yale-China-Gesellschaft, der aus Hongkong zu Besuch gekommen war. Da die Studenten sofort nervös wurden, rief ich den selbstsichersten jungen Mann auf, dem ich den englischen Namen Lenny gegeben hatte, da ich hoffte, er würde den Stein ins Rollen bringen. Er enttäuschte mich nicht. Als ich ihn fragte, was er denn heute tun möchte, stand er auf, lächelte und antwortete: »Heute würde ich gerne dein Herz essen und dein Blut trinken.«

Damit brachte er alle in Fahrt, und so verlief die Stunde schließlich sehr lebhaft.
Als die Glocke ertönte, ging ich auf Lehrerin Wu und Terry zu und fragte: »Ist das nicht ein guter Kurs?« Terry, der sehr wohl wußte, wie stinklangweilig Englischunterricht in China sein konnte, sagte, er hätte sich bestens unterhalten, und machte Lehrerin Wu ein Kompliment über die Englischkenntnisse der Studenten. Lehrerin Wu, die auffallend bleich wirkte, machte nur »hm« und bat mich in ihr Zimmer.
»Was hat dieser Junge gesagt?« fragte sie entsetzt.
»Du meinst Lenny? Oh, er hat gesagt, er möchte mein Herz essen und mein Blut trinken! Ist er nicht toll?«
Zornesröte stieg ihr ins Gesicht. »Genau das habe ich verstanden. Er muß ernsthaft verwarnt werden! Der Bereichsleiter wird toben! Denk nur an den Bericht, den er den Verantwortlichen geben wird! Wie kann man so etwas Schreckliches sagen! So kann man doch nicht mit einem Lehrer reden! Und die anderen Studenten haben auch noch gelacht! Sie müssen alle schärfstens verwarnt werden!«
Ich versuchte, Lehrerin Wu davon zu überzeugen, daß Lennys Bemerkung und das Gelächter der anderen Studenten durchaus kein Zeichen für Respektlosigkeit waren, sondern bewiesen, was für eine schnelle Auffassungsgabe sie hatten.
»Wie kommst du denn darauf?« fragte sie.

»Weil sie in sehr kurzer Zeit begriffen haben, Lehrerin Wu, daß amerikanische Lehrer andere Erwartungen haben als chinesische Lehrer. Wir mögen es, wenn es in unserem Unterricht lustig zugeht und gelacht wird, und wir freuen uns, wenn die Studenten es fertigbringen, mit ihrem Lehrer auch einmal zu scherzen. Sie haben uns in keiner Weise beleidigt. Hätten sie so mit ihren chinesischen Lehrern gesprochen, könntest du sie vielleicht tadeln, aber ich glaube nicht, daß sie das tun würden. Doch wie kannst du sie dafür tadeln, daß sie ein Verhalten an den Tag legen, zu dem Jan und ich sie animieren?«

»Hm. Das ist entsetzlich. Kannst du dir vorstellen, was mit uns allen geschehen würde, falls sie je so mit einem chinesischen Lehrer reden würden? Sie müssen verwarnt werden – wir sind hier in China, und sie sind chinesische Studenten.«

Während der folgenden Tage ging es im Unterricht deutlich ruhiger zu, aber im Laufe der Zeit geriet der Zwischenfall in Vergessenheit, und das Lachen kehrte zurück.

Eine der größten Herausforderungen des Englischunterrichts in China war es, den Studenten ihre zwanghafte Angewohnheit, alles rein mechanisch zu lernen, auszutreiben und sie so weit zu bringen, daß sie die Sprache durch das Reden selbst lernten. Meine Lieblingsmethode bestand darin, den Kurs in kleine Gruppen aufzuteilen und sie ein paar kurze, auf einer vorgegebenen Situation beruhende Szenen vorbereiten oder improvisieren zu lassen. Zunächst ging das sehr zäh.

»Julian, du bist ein Polizist. Sinbad, du bist ein Verbrecher, den Julian gerade geschnappt hat. Ihr seid jetzt auf dem Weg zur Polizeiwache und unterhaltet euch.« Schweigen. »Na los, kein Grund, nervös zu sein. Denkt euch irgend etwas aus. Julian, du fängst an.«

JULIAN: »Du bist ein Verbrecher.«

SINBAD: »Es tut mir leid.«

Schweigen. »Sinbad, versuch doch mal, Julian zu bestechen?«

SINBAD: »Soll ich dir Geld geben?«

JULIAN: »Nein danke.«

Mit etwas Übung allerdings wurden die Ergebnisse recht passabel. Einmal lautete die Aufgabe, einen Marsbewohner, der soeben auf der Erde gelandet war, zu interviewen und ihn über seine ersten Eindrücke zu befragen. Zwei Studenten ließen ihren Marsbewohner auf die Erde flüchten und dort um politisches Asyl nachsuchen. Er war ein Kommunist, den die auf dem Mars regierenden faschistisch-bourgeoisen Unterdrücker zum Tode verurteilt hatten. Er hoffte, die Erdenmenschen würden ihm helfen und ihm eines ihrer Menschenmädchen zur Frau geben; denn wenn er heiratete, war er in Sicherheit, da es auf dem Mars, wie er erklärte, ein strenges Gesetz gab, das verbot, Frauen zu Witwen zu machen.

Eine andere Aufgabe bestand darin, sich für ein Produkt eine überzeugende Werbung einfallen zu lassen und daraus einen Fernsehspot zu machen. Drei Mädchen mit traurig herabhängenden Köpfen kamen nach vorne. Eine sagte: »Ich bin unglücklich. Ich bin viel zu dick.« Die zweite schüttelte den Kopf und sagte: »Ich bin auch unglücklich. Ich bin zu dünn.« Die dritte errötete, kicherte, drehte sich zur Tafel und sagte: »Ich bin auch unglücklich. Ich kann keinen Mann finden.« Plötzlich marschierte Juliet – sie hatte sich für diesen englischen Namen entschieden, nachdem sie meine Vorlesung über Romeo und Julia gehört hatte – mit einem Korb voller zusammengerollter Papierschnipsel nach vorn. (Dazu muß man natürlich wissen, daß es in China bei Hochzeiten Brauch ist, daß Braut und Bräutigam sogenannte Glücksbonbons an alle Freunde und Verwandten verteilen – das sind Bonbons, deren Einwickelpapier möglichst mit dem Schriftzeichen für »Doppeltes Glück« bedruckt ist.) Sie setzte das breite Lächeln einer Fernsehansagerin auf und sagte mit enthusiastischer Stimme: »Ladies und Gentlemen! Ich freue mich, Ihnen von einer großartigen Neuigkeit berichten zu dürfen! Sie heißt Juliets Glücksbonbons und ist einfach überwältigend! Sie müssen sie noch heute kennenlernen – Sie müssen sie gleich heute kaufen. Bitte lassen Sie mich Ihnen mehr davon erzählen. Diese Bonbons erfüllen Ihre Wünsche. Wenn Sie zu dick sind und sie essen, werden Sie dünn. Wenn Sie zu dünn sind und sie essen, werden Sie dick. Wenn Sie einsam sind, werden sie Ihnen helfen, einen Mann zu finden und zu heiraten. Sie lösen wirklich und wahrhaftig alle Ihre Probleme. Garantiert. Sie werden es nicht bereuen!« Die drei betrübt aussehenden Mädchen stürzten ans Pult und fragten, ob Juliets Glücksbonbons auch ihre Probleme lösen könnten. »Natürlich können sie das«, versicherte ihnen Juliet, »aber erst müssen Sie sie kaufen.«

Eine Studentin gab es allerdings, die sich sehr schwertat. April stammte aus einem Dorf in Hunan und hatte, bevor sie an die Hochschule kam, noch nie eine Großstadt wie Changsha gesehen, von amerikanischen Lehrern ganz zu schweigen. Zu Beginn des Semesters war sie so verängstigt, daß sie nicht einmal von ihrem Pult aufzublicken wagte; sie vergrub den Kopf in den Händen und gab auf keine Frage eine Antwort, und ein- oder zweimal bemerkte ich, wie Tränen auf ihr Pult tropften, als sie verzweifelt versuchte, ihre Verlegenheit zu überwinden. Bei der ersten Arbeit nahm sie nicht einmal ihren Stift in die Hand. Der Fachbereich Englisch war nahe daran, sie aus dem Kurs auszuschließen und ihren Platz einem weniger begabten, aber anpassungsfähigeren Studenten zu geben. Doch irgendwie schaffte sie es dazubleiben.

Monate vergingen, bis ich sie soweit hatte, daß sie im Unterricht wenigstens so laut sprach, daß man sie verstehen konnte, aber selbst dann weigerte sie sich, von ihrem Pult aufzusehen. Als ich bei einem

Ausflug meinen Photoapparat hervorholte, um den ganzen Kurs zu photographieren, versteckte sich April hinter einem Baum; sie war zu schüchtern, sich photographieren zu lassen. Ihre Kommilitonen mochten sie und halfen ihr, indem sie ihr bei den Spielszenen Rollen gaben, bei denen sie sitzen bleiben durfte. Ein paar Studentinnen berichteten mir, daß April außerhalb des Unterrichts weniger schüchtern, ja sogar richtig ausgelassen sei, daß sie aber im Unterrichtsraum so nervös wurde, daß sie kaum ein Wort herausbrachte. Als April ihre Stimme zum erstenmal so laut erhob, daß alle sie hören konnten, klatschten die Studenten Beifall. April rollte sich zusammen, legte die Arme schützend über ihren Kopf und kam mehrere Minuten lang nicht hoch. Ich dachte, sie würde weinen, aber Juliet, die neben ihr saß, sagte: »Keine Sorge, Lehrer Mark. April ist glücklich – sie lächelt!«

Ich sagte: »April, stimmt das?« Sie antwortete zwar nicht, nickte aber sozusagen mit den Schultern.

Gegen Ende des ersten Semesters fanden Jan und ich, daß es an der Zeit war, daß April schwimmen lernen oder untergehen mußte. Ein Teil der Abschlußprüfung bestand aus einer mündlichen Prüfung. Ursprünglich hatten wir vorgesehen, daß April von Jan geprüft werden sollte, da sie vor ihr weniger Angst hatte. Aber dann erschien es uns eine gute Gelegenheit, April dazu zu zwingen, ihre Angst zu überwinden. Ich verlas die Namen derer, die ich prüfen würde, und als ich sagte, »April, du wirst von mir geprüft«, hielten alle die Luft an. Zwar konnte ich Aprils Gesicht nicht sehen, aber sie schien zu erstarren.

Tagelang vor der Prüfung tuschelten die Studenten und spekulierten über Aprils Prüfung bei Lehrer Mark. Einige Studentinnen kamen sogar in mein Zimmer, um mich zu bitten, die Entscheidung rückgängig zu machen. Am Tag der Prüfung warteten die Studenten in einem Zimmer, während Jan und ich die Prüfungen in zwei angrenzenden Zimmern abnahmen. Als ich den Warteraum betrat und April aufrief, herrschte gespanntes Schweigen; alle Augen waren auf sie gerichtet. April rührte sich nicht. »Geh wieder hinein«, sagte Juliet zu mir, »sie kommt schon.« Ich ging in mein Zimmer und wartete. Plötzlich ging die Tür auf, April schloß sie hinter sich, marschierte auf mich zu, sah mir direkt in die Augen und sagte mit dröhnender Stimme: »Ich bin bereit!«

Sie bestand die Prüfung ohne Schwierigkeiten, und als alles vorbei war, lachte ich und sagte: »April, das war großartig! Wie hast du das nur gemacht?«

»Bin ich fertig?« fragte sie und sah mir noch immer in die Augen.

»Ja, und es war ausgezeichnet.«

»Ich weiß«, donnerte sie, stürzte zur Tür hinaus und lief den ganzen Weg bis zum Studentenheim.

Haarausfall

»Little Guo hatte heute wieder einen Unfall«, berichtete Hai Bin, als wir eines Nachmittags zum Postamt gingen. »Wir haben ein Experiment an einem Versuchshund durchgeführt, das eine kleine Operation erforderte. Little Guo machte die Narkose. Er setzte die Nadel an, drückte aber plötzlich zu kräftig. Die Nadel drang in die Brusthöhle des Hundes und bohrte sich in sein Herz! Mein Vorgesetzter war sehr wütend auf Little Guo. Übrigens«, fuhr er fort, »glaube ich, daß Little Guo einen neuen Lehrer für dich gefunden hat.«

Hai Bin hatte recht. Am selben Abend erschien Little Guo mit einem kleinen, untersetzten Mann bei mir, der eine blaue Mütze trug. Ich bat die beiden herein und schenkte ihnen Tee ein. Als ich dem Mann die Tasse reichte, fiel mir auf, daß die Finger seiner rechten Hand vom vielen Rauchen schmutziggelb gefleckt waren.

»Das ist Meister Liang«, sagte Little Guo. »Meister Liang spricht nicht viel.« Als wollte er mir demonstrieren, was er meinte, schwieg Little Guo eine Weile und schaute Meister Liang an; der sagte tatsächlich nichts. Nach einer langen Pause fuhr Little Guo fort: »Meister Liang ist ein *t'ai-chi*-Meister. Besonders gut beherrscht er Schiebende Hände. Er ist der Meister der Provinz Hunan! Ich habe ihn letzte Woche getroffen und ihn gefragt, ob er dir Unterricht geben würde. Er sagte zu.«

Ich lächelte Liang an und bedankte mich bei ihm. Ohne aufzublicken oder zu lächeln, sagte er lediglich »Hm« und zog kräftig an seiner Zigarette. Einige Minuten lang herrschte Schweigen, so daß ich mich allmählich unbehaglich fühlte. Ich ging an meinen Schreibtisch, holte das Photoalbum mit den Bildern von meiner Familie heraus und zeigte es ihm. Er betrachtete sie, nickte ab und zu oder sagte »Hm«, aber mehr war nicht aus ihm herauszubekommen.

Dann stand er auf, wandte sich an Little Guo und sagte: »Wir sollten uns zwei oder drei Abende in der Woche treffen. Hast du einen Raum?« Little Guo sagte, er wisse einen Raum, den wir benützen könnten. »Also gehen wir«, sagte Liang, und wir gingen.

Ich folgte ihnen widerstrebend, denn mein Eindruck von Meister Liang war nicht überwältigend positiv, und die Erinnerung daran, wie heikel es gewesen war, den Unterricht bei Zheng abzubrechen, war mir noch lebhaft im Gedächtnis. Aber als wir dann den Ort erreichten, von dem Little Guo gesprochen hatte – ein leeres Basketball-Feld –, erwachte Liang plötzlich zum Leben. *T'ai-chi*, so erklärte er, sei eine Übung für Körper und Geist, die, wenn man sie richtig ausführe, nicht nur mehr Gesundheit verleihe, sondern tatsächlich den Alterungsprozeß verzögere. Und er fügte hinzu, daß natürlich einer der Gründe, warum *t'ai-chi* das Leben verlängere, der sei, daß man lebensbedrohliche Angriffe leichter abwehren könne. Er zeigte mir die Form, die ich seiner Ansicht nach lernen sollte: *Ch'en*-Stil *t'ai-chi*, dessen Charakteristikum plötzliche, blitzschnelle und kraftvolle Stöße sind, und dann forderte er mich auf, Schiebende Hände mit ihm zu üben.

»Wenn du mich schlägst«, sagte er fröhlich, »dann sollst du mein Lehrer sein! Wenn ich dich schlage, werde ich dein Lehrer sein!«

Er besiegte mich gründlich und mit so übermütiger Leichtigkeit, daß ich schließlich nicht mehr weitermachen konnte, weil ich vor Lachen keine Luft mehr bekam. Als ich zwischendurch einmal versuchte, ihn aus dem Gleichgewicht zu bringen, kitzelte er mich unter den Armen. Als ich sprang, duckte er sich und packte mich um die Taille, hob mich einfach hoch und stemmte mich über seinen Kopf. Dieser bravouröse Kraftakt wunderte mich nicht mehr, als er später sein Hemd auszog und eine erstaunliche Muskulatur zum Vorschein kam, die er unmöglich durch die Ausübung von *t'ai-chi* aufgebaut haben konnte. Er feixte wie ein kleiner Junge und gestand, daß er als junger Mann der Mannschaftsbeste im Gewichtheber-Team der Provinz gewesen sei. Jetzt lud er Fünfzig-Kilo-Säcke mit Reis auf Lastwagen, um sich in Form zu halten. »Dieser Trick mit dem Kitzeln ist recht nützlich«, sagte er und war plötzlich wieder ganz ernst, »aber wenn du mit weiblichen Genossen übst, solltest du lieber darauf verzichten.«

Liang entpuppte sich als ein ausgesprochen fröhlicher Mensch, so daß ich mich später darüber wunderte, warum er mir bei unserer ersten Begegnung so griesgrämig erschienen war.

»Lehrer Liang, warum warst du an diesem ersten Abend so still? Warst du verärgert?«

»Verärgert? Soll das ein Witz sein? Ich war aufgeregt. Ich hatte noch nie einen Ausländer aus nächster Nähe gesehen. Aber sobald wir nach draußen gingen, wo es dunkel war, hast du nicht mehr so furchterregend ausgesehen.«

»Sehe ich furchterregend aus?«

»Na ja, vielleicht liegt es an deinen Augen ... sie sind so hell, als wären dahinter Lichter. Anfangs fiel es mir schwer, dich anzusehen und gleichzeitig zu reden, denn sooft ich in deine Augen sah, vergaß ich, was ich sagen wollte.«

Liang hatte bei mehreren Lehrern *t'ai-chi* gelernt, sich den größten Teil seiner Kenntnisse jedoch auf einem weniger konventionellen Weg erworben. Jahrelang ging er jeden Morgen in die Parks hinaus, sprach jeden an, der *t'ai-chi* trainierte, und forderte ihn auf, mit ihm Schiebende Hände zu üben.

»In den ersten fünf Jahren oder so habe ich jede Runde verloren. Ich ging nach Hause und notierte mir in einem kleinen Heft, wie und warum ich verloren hatte, und jeden Abend studierte ich diese Aufzeichnungen sorgfältig. Das habe ich beibehalten, bis ich jeden Kampf gewann. Das ist zwar eine gute Lehrmethode, aber auch eine sehr harte. Nicht alle Boxer sind gute Menschen. Viele, mit denen ich geübt habe, haben unfaire Methoden angewandt und mir zum Beispiel ihr Knie in die Leiste gerammt, einen Stoß gegen die Kehle versetzt oder mir in die Augen gespuckt, um sich dadurch einen Vorteil zu verschaffen. Das ist kein gutes *t'ai-chi;* wenn man nicht mit legitimen Mitteln gewinnt, sich also die Kraft und das Gleichgewicht des Gegners zunutze macht, um ihn zu besiegen, ist man kein guter *t'ai-chi*-Kämpfer.«

»Was hast du gemacht, wenn Leute auf diese Weise gemogelt haben?« fragte ich.

Er lachte trocken. »Ich habe sie darauf angesprochen, und dann haben wir weitergemacht. Wenn sie es nochmals getan haben, habe ich sie gequetscht, bis sie ohnmächtig wurden.«

Eines Abends nach einem Abendessen mit seiner Familie gingen wir in einen weit entfernten Park und übten dort. Ich hatte bereits mehrere Monate lang Schiebende Hände mit ihm geübt, aber es war mir bisher nicht gelungen, ihn auch nur ein einziges Mal aus dem Gleichgewicht zu bringen. Bevor wir anfingen, warnte ich ihn, daß ich ihn heute abend umwerfen würde, komme, was wolle. Er lächelte und wünschte mir viel Glück. Mag sein, daß es an dem vergnüglichen Abendessen lag, bei dem wir viel gelacht und uns gegenseitig auf den Arm genommen hatten, mag auch sein, daß es an dem Glas *pai-chiu* lag, das jeder von uns getrunken hatte – jedenfalls waren wir beide an diesem Abend übermütig und bester Laune. Nach ein paar Runden Schieben, die alle damit endeten, daß ich wie üblich durch die Luft flog, beschloß ich, aufs Ganze zu gehen. Unter Aufbietung aller meiner Kräfte stürzte ich vorwärts, packte ihn an den Armen, bohrte ihm meine Schulter in den Brustkorb und ließ dann plötzlich los. Wir umklammerten einander und rangen ein paar endlose Sekunden lang wie Bären miteinander. Als ich schon glaubte, ich würde vor Erschöpfung zusammenbrechen, schob ich mein Knie unter das seine und fegte ihm das Bein unter dem Körper weg. Damit hatte er nicht gerechnet, und so ging er zu Boden, drehte sich jedoch im Fallen und riß mich mit unglaublicher Kraft an sich, so daß wir beide polternd zu Boden krachten. Ich traf als erster auf der Erde auf; also hatte er wieder gewonnen. Ineinander verknotet lagen wir eine Weile da, holten Luft und lachten.

»Nicht schlecht!« sagte er. »Von jetzt an werde ich dich wohl ›Kleiner Tiger‹ nennen müssen. Bist du damit einverstanden?«

»Das bin ich, Lehrer Liang. Soll ich dich dann ›Großer Tiger‹ nennen?«

»Das wäre großartig! Bald wird der kleine Tiger stärker sein als der große Tiger und ihn auffressen!«

»Das bezweifle ich.«

Wir setzten uns auf eine Parkbank, um auszuruhen, und sahen den Leuchtkäfern nach, die um ein Bambusgehölz schwirrten.

»Wie schade, daß du nicht hierbleiben kannst«, sagte er plötzlich. »Dann könnten wir jahrelang so miteinander ringen.«

»Ich bin sicher, daß ich irgendwann wieder auf Besuch kommen werde.«

»Wirklich? Es soll nämlich in drei oder vier Jahren ein internationales Schiebende-Hände-Turnier in China geben – vielleicht sehe ich dich da wieder! Vielleicht müssen wir zwei dann um die Goldmedaille kämpfen!«

»Das wäre doch was!«

»Und ob. Das wäre phantastisch. Und weißt du, wenn du weiter *t'ai-chi* machst, wirst du in vier Jahren noch genauso aussehen wie jetzt. *T'ai-chi* hält dich jung. Das ist der Grund, warum ich als Vater von zwei Töchtern, die beinahe so alt sind wie du, noch immer den Körper eines Zwanzigjährigen habe.«

An einem herrlichen Sonntagmorgen besuchte ich Liang, um von ihm und seiner Familie ein paar Photos zu machen. Alle waren farbenprächtig gekleidet, da es für sie die ersten Farbphotos waren.

Liang und seine Frau debattierten ein paar Minuten über etwas, dann nahm Liang widerstrebend seine blaue Mütze ab. Da erst wurde mir klar, daß ich ihn nie ohne sie gesehen hatte. Die Familienmitglieder stellten sich in verschiedenen Kombinationen vor dem Haus auf. Dann wollte ich Liang mit bloßem Oberkörper photographieren.

»Damit mir meine Freunde in Amerika glauben, wenn ich ihnen sage, wie stark du bist, Lehrer Liang.«

Höflich winkte er ab, knöpfte aber gleichzeitig sein Hemd auf. »Na gut, wenn du darauf bestehst«, sagte er, als er beim letzten Knopf angelangt war. Nachdem ich das Photo gemacht hatte, nahm er mich beiseite und fragte flüsternd: »Könntest du mir einen Gefallen tun? *T'ai-chi* hat zwar mich jung erhalten, nicht aber meine Haare – ich bekomme allmählich eine Glatze. In Amerika, behaupten die Leute, ist alles ganz modern. Habt ihr eine Möglichkeit, auf einem Photo Haare hinzuzufügen? Wenn du das für mich tun könntest, wäre ich dir sehr dankbar.«

Üble Elemente

Quietschend und fauchend kam der Zug vor einem strohgedeckten Schuppen aus Lehmziegeln, an dessen Außenmauer eine Vierzig-Watt-Birne hing, zum Stehen. Obwohl es ein kleiner Bahnhof war, standen auf dem Bahnsteig mindestens fünfzig Bauern, gebeugt unter der Last ihrer Tragestangen und der hoch aufgetürmten Körbe. Die Fahrgäste stöhnten, als die Türen aufgingen und die Bauern sich hineinkämpften; jetzt schon waren die Leute vor lauter Hitze und Gedränge fast bewußtlos. Als wir wieder losfuhren, schienen sich die Männer alle plötzlich einig, daß man versuchen sollte, die stehende Stellung mit einer sitzenden zu vertauschen. Mit dem Rücken an der Wand, die Schultern aneinander gepreßt, rutschten wir nach unten und blieben so hocken. Ich landete Knie an Knie mit zwei jungen Männern mir gegenüber, die ich zuvor nicht bemerkt hatte; vielleicht waren sie bei der letzten Station eingestiegen. Der eine von ihnen begann mit mir zu reden, so als würde er unser Gespräch genau dort aufgreifen, wo wir es unterbrochen hatten.

Beide trugen zerschlissene Arbeitsanzüge der Armee, hatten schweiß- und staubverschmierte Gesichter und stanken nach *pai-chiu*. Der eine Mann war groß und breitschultrig und wirkte mit seinem leicht offenstehenden Mund und den blutunterlaufenen Augen, die knapp an mir vorbei auf die Zugwand stierten, leicht weggetreten. Er sprach nicht viel. Der andere, klein und mager, war redseliger und offenbar der hellere von beiden. Seine Augen flitzten hin und her, und seine Hände gestikuliererten beim Reden lebhaft; dabei tauchten sie gelegentlich auch in die Leinentasche, in der er seine Flasche *pai-chiu* aufbewahrte. Er bot mir davon an, aber ich lehnte ab mit der Begründung, auf leeren Magen könne ich nichts trinken. Normalerweise gab ich auf Zugfahrten vor, Chinesisch weder zu sprechen noch zu verstehen, denn sobald ich den Mund aufmachte, trug ich wohl oder übel zur Erheiterung sämtlicher Fahrgäste bei, da ich dann alle möglichen Fragen über meine Nationalität, Größe, mein Gewicht, Alter und Gehalt beantworten mußte. Diese Art von Aufmerksamkeit schätzte ich immer weniger, je länger ich mich in China aufhielt. Bei diesen beiden Männern war es jedoch etwas anderes. Sie waren anscheinend nicht sonderlich von mir beeindruckt, sondern kamen mir vor, als könnten sie sich durchaus etwas Aufregenderes vorstellen als einen Weißen in einem Vorortzug. Ihre lässige Art entwaffnete mich und weckte meine Neugier; ich wollte unbedingt erfahren, was sie so beschäftigte, daß sie nicht von mir beeindruckt waren und mich auch nicht nach meinem Einkommen fragten.

Je röter das Gesicht des kleineren Mannes vom *paichiu* anlief, um so lauter wurde seine Stimme und um so wilder gestikulierten seine Hände. Er erzählte mir, er und sein Freund seien heute aus der »Umerziehungsarbeit« entlassen worden, zu der man sie verurteilt hatte, weil sie einen Mann beim Pokern erstochen hatten.

»Mein Freund hier«, sagte er und versetzte dem größeren Mann einen Rippenstoß, »hat den Kerl so gehalten. Und ich habe das Messer gezogen und es ihm hier reingejagt, zwischen die Rippen!« Er genoß es sichtlich, mir diese Geschichte zu erzählen, und auf einmal machte es mich nervös, so dicht neben ihm zu hocken; aber dann schloß er die Augen und lächelte.

»Und jetzt fahren wir nach Hause! Meine Mama wird mich am Bahnhof abholen. Sie hat mich ein paarmal im Gefängnis besucht. Sie liebt mich!«

Wieder nahm er einen Schluck aus der Flasche; dann schloß er die Augen.

»Meine Mama wird am Bahnhof stehen, weil sie mich liebt! Als ich im Gefängnis war, hat sie mich sehr vermißt und mir manchmal selbstgekochtes Essen gebracht, und ...«

Der große Kerl versetzte ihm mit dem Ellbogen einen heftigen Stoß gegen die Brust, der ihn aus seiner Schwärmerei aufscheuchte und ihm fast den Atem raubte.

»Was soll denn das?« brüllte der kleinere Mann. Jetzt war sein Gesicht puterrot.
Sein Kamerad starrte auf den Boden zwischen seinen Füßen und sagte leise: »Rede nicht dauernd vom Wiedersehen mit deiner Mama.«
»Warum denn nicht?«
Ohne aufzublicken, deutete er auf mich. »Weil der da von weit her ist. Er kann seine Mama überhaupt nicht sehen. Er braucht nicht zu wissen, wie glücklich du bist.«

»Weißt du denn nicht, daß es schneit?«

Ein Café

Professor Jin

»Weißt du denn nicht, daß es schneit?«

Nach einer von Pans langen Reisen ins Ausland fiel mir auf, daß er im Gesicht schmaler geworden war und sich angewöhnt hatte, die linke Hand auf Magen und Brust zu drücken, wenn er sich hinsetzte. Ich sprach ihn darauf an, aber er schien unbekümmert und sagte, er hätte sich vielleicht zu viele Sorgen gemacht, mehr aber nicht. Als ich eines Morgens zum Unterricht in die Hochschule radelte, rief eine meiner Medizinstudentinnen aus einem Fenster des Krankenhauses meinen Namen. Von ihr erfuhr ich, daß mein Lehrer zusammengebrochen und mit dem Krankenwagen eingeliefert worden war. Sie meinte, ich solle nach dem Unterricht vorbeikommen, denn bis dahin könne man ihn besuchen; dann schloß sie das Fenster.
Die zwei Stunden vergingen langsam. Endlich war der Unterricht beendet, und ich lief ins Krankenhaus hinüber, um Pan zu besuchen. Aber als ich ankam, war er schon weg. Da mehrere Krankenschwestern herumstanden und über ihn redeten, fragte ich sie, was denn mit ihm los sei. Sie sagten, man wisse es nicht genau, er sei aber ein sehr

interessanter Patient. Angeblich hatten die Ärzte ihn zur Beobachtung im Krankenhaus behalten wollen, aber sobald er stehen konnte, war er gegangen, weil er, wie er sagte, Wichtigeres zu tun habe, als in einem Krankenhaus herumzuliegen. Noch interessanter sei gewesen, daß er, als ihm eine Krankenschwester eine Spritze in den Arm geben wollte, dies nicht zuließ und seine Weigerung damit begründete, daß er seine Hände gerade jetzt besonders benötige, da er nicht wolle, daß seine Zeit im Krankenhaus völlig umsonst gewesen sei. Er hatte einen kleinen Notizblock und einen Stift und schien irgendeine fremde Schrift zu üben, während er im Bett lag.

Ich sprach mit dem Arzt, der ihn untersucht hatte. Er empfahl mir einen Spezialisten in unserem Krankenhaus, der vielleicht in der Lage sein würde, Pan zu behandeln. Einer meiner Studenten sorgte für eine Empfehlung, und so bekam ich schließlich einen Termin. In der Zwischenzeit gestand mir Pan, daß er diese Schmerzen schon seit einigen Jahren hatte, nie aber ausreichend Zeit gehabt hatte, etwas dagegen zu unternehmen. Er bat mich, ihn ins Krankenhaus zu begleiten, damit ich ihn in aller Form vorstellen konnte, doch sobald ich ihn mit dem Arzt bekannt gemacht hatte, bat er mich zu gehen.

Danach sah ich ihn mehrere Wochen nicht. Ich traf jedoch zufällig den Arzt auf der Straße und bedankte mich dafür, daß er Pan so schnell einen

Termin gegeben habe. Er lächelte und sagte, er habe das gerne getan, fürchte aber, daß er ihm nicht sonderlich helfen könne. Pan hatte ein Magengeschwür, eine Funktionsstörung der Gallenblase, sein Herz war angegriffen und noch irgendein Organ, was ich aber nicht mitbekam. Und er weigerte sich, in der Klinik zu bleiben, um sich zu erholen und behandeln zu lassen. Als ich Pan das nächste Mal sah, fragte ich ihn, warum er nicht in der Klinik bleiben wollte. Er entgegnete, daß es nur noch ein paar Monate bis zum Landeswettbewerb seien und daß die Kampfsportler, wenn er sich zum Schlafen monatelang ins Krankenhaus legen würde, ihr Selbstvertrauen verlieren würden. »Ich bin ihr Trainer. Ich habe versprochen, sie zum Landeswettbewerb zu führen, und das tue ich auch.« Seine Krankheit oder das Krankenhaus erwähnte er nie wieder.

Während der Winterferien in meinem zweiten Jahr reiste ich nicht umher, sondern entschied mich dafür, in Hunan zu bleiben, um *wu-shu* zu trainieren. Ich dachte, Pan würde die ganze Zeit dasein, aber dann wurde er am Tag vor Ferienbeginn abberufen. Ich blieb trotzdem und absolvierte in der Hoffnung, daß er vor Ende der Ferien zurückkommen würde, jeden Tag ein zehnstündiges Training. Vier Wochen vergingen, in denen ich entweder vor unserem Haus trainierte oder hinter dem Haus gegen einen an die Wand gelehnten Sandsack boxte. Am Morgen des letzten Ferientages wirbelte ich mit dem Stock um die eigene Achse, rutschte auf einem Fleckchen Eis aus und fiel hin. Ich hatte mir das Knie verrenkt, so daß ich ein paar Minuten dalag und mir auf die Lippen biß. Es hatte kurz zuvor zu schneien begonnen, so daß zumindest meine Umgebung freundlich aussah. Als ich mich umdrehte, entdeckte ich Pan, der am Tor zu unserem kleinen Grundstück stand. Er kam her, half mir auf und sah mich lange eindringlich an.

»Weißt du denn nicht, daß es schneit?« fragte er schließlich.

»Schon, aber ...«

»Warum trainierst du dann?«

Aus seinem Mund war das eine merkwürdige Frage, und so machte ich mir nicht die Mühe, sie zu beantworten. Wir gingen ins Haus, und ich kochte Wasser für den Tee auf. Zerstreut beantwortete er meine Fragen nach seiner Reise und ging dann.

Der Winter ging in Frühling über, und als es Mai wurde, war es in Changsha vor Hitze kaum auszuhalten. Statt auf Eisflecken auszurutschen, platschte ich in den Pfützen herum, die dadurch entstanden, daß ich mir alle paar Minuten mehrere Eimer Wasser über den Kopf schüttete, um mich abzukühlen.

Seit jenem Tag im Winter hatte ich Pan kaum gesehen, außer wenn er kam, um das, was ich bei meinen anderen Lehrern lernte, zurechtzurücken und zu korrigieren. Eines Tages unterbrach er unsere Stunde und schlug eine kurze Pause vor. Wir

gingen ins Haus, setzten uns hin, und dann wurde er sehr ernst.
»Es bleibt uns nicht mehr viel Zeit. Nur noch ein paar Monate. Ich habe keine Zeit mehr zum Englischlernen – ab jetzt geht es nur noch um *wu-shu.* Sicher gibt es etwas ganz Bestimmtes, das du noch lernen willst, bevor du uns verläßt. Entscheide dich, denn dieses eine werde ich dir beibringen.«
Ich mußte nicht lange überlegen. Ich hatte ihn einmal, nachdem alle Lichter im Trainingsraum gelöscht worden waren, ganz allein mit einem riesigen Schwert beobachtet, das er mit beiden Händen festhielt. Er ließ es mich nur ein einziges Mal sehen und lachte, sooft ich ihn fragte, ob er mir beibringen könnte, damit umzugehen.
»Ich möchte das Langschwert lernen.«
Er runzelte die Stirn und sagte dann sehr bedächtig: »Nur wenige Menschen gebrauchen dieses Schwert. Ich habe es noch nie jemandem beigebracht. Und ich zeige es auch nur ganz bestimmten Leuten.« Ich sagte nichts, wich seinem Blick aber auch nicht aus. Nach endlosem Schweigen bohrte er mir seinen Finger in die Brust und wartete, bis er sicher sein konnte, daß er meine volle Aufmerksamkeit besaß. »Wenn ich es dir beibringe und du nicht gut damit umgehst, machst du mich damit sehr, sehr traurig.«

Ein Café

Bill war eine Leseratte. Normalerweise hatte er auf Schritt und Tritt irgendwelche wichtige Literatur bei sich. Auf einer Reise in den Südwesten Chinas kaufte und las er ein Buch über *Seltene Pilze der Region Yün-nan;* als wir auf einem Boot den Jangtse hinunterfuhren, beschäftigte er sich mit *Seehandel auf dem Jangtse während der Ming-Dynastie;* neben seiner mechanischen Schreibmaschine in Changsha lag *Die Geschichte der beweglichen Schrifttypen* – alles auf chinesisch. Mit weniger gab er sich nicht zufrieden. Als wir zusammen nach Hang-chou fuhren, schleppte er *Mythen, Geschichten, Tatsachen und Anekdoten über Hang-chou* mit. Wann immer wir auf einen historisch wichtigen Ort stießen, Bill fand in seinem Buch etwas darüber. So entdeckten wir zum Beispiel einen gigantischen Stein, in den ein poetischer Zweizeiler gemeißelt war. Er lautete ungefähr so:

Himmel Himmel Erde Erde Fels Fels
Wasser Wasser
Grün Grün Flüchtig Flüchtig Tropfen Tropfen
Regenbogen Regenbogen.

»Und das wirklich Faszinierende an diesem Vers«, las Bill laut aus seinem Buch vor, »ist die Tatsache, daß man ihn rückwärts lesen kann.« In einem Bambusgehölz stießen wir auf ein Schild, das besagte, mit dem Bambus in diesem Hain habe es eine besondere Bewandtnis. Nachdem Bill eine Zeitlang unter »Tatsachen« nachgeblättert hatte, fand er den Grund dafür: »Diese Bambusart galt lange als ausgestorben. In der Mitte dieses Jahrhunderts entdeckte jedoch ein Team chinesischer Wissenschaftler einige Exemplare davon in einer abgelegenen Gegend in der Provinz Zhen-jiang. Diese Entdekkung bewegte die Welt.«

Nachdem wir unser Wissen den ganzen Tag lang mit Informationen dieser Art angereichert hatten, stellten wir gegen Abend fest, daß wir beide schrecklich müde waren. Wieder in unserem Hotelzimmer in Hang-chou angelangt, hielt Bill sich mit dem Buch *Interessante Felsformationen in der Umgebung des Sees T'ai* wach. Ich hatte kein Buch dabei, also beschloß ich, mich etwas im Hotel umzusehen.

Im Erdgeschoß zog eine Kette blinkender Weihnachtslichter über einem Durchgang meine Aufmerksamkeit auf sich. Ich ging darauf zu und entdeckte unter den Lichtern ein Schild mit der Aufschrift »Café«. Der Gedanke an einen Kaffee begeisterte mich so sehr, daß ich hineinstürzte und dabei die junge *fu-wu-yen* – ein Service-Mädchen – aufschreckte, die unmittelbar hinter der Tür an einem Tresen saß und in einem Comic-Heft las.

Ich lächelte sie an. »Gibt es hier wirklich Kaffee?«
Sie warf den Kopf in den Nacken und entgegnete: »Da steht doch Café, oder etwa nicht?«
Ich war nicht bereit, mir von ihr die Laune verderben zu lassen; wortlos ging ich an ihr vorbei ins Café.
»Halt!« schrie sie mir nach. Ich drehte mich um. Ohne von ihrem Comic-Heft aufzublicken, sagte sie: »Fünf Dollar Eintritt.«
»Fünf Dollar Eintritt?«
Sie zeigte auf ein Schild am Tresen, das verkündete: TANZPARTY UM 9 UHR. EINTRITT: 5 YUAN IN AUSLÄNDISCHER WÄHRUNG.
»Aber ich bin nicht wegen der Tanzparty hier. Ich möchte nur eine Tasse Kaffee trinken, dann gehe ich sofort wieder.«
»Spielt keine Rolle. Fünf Dollar.«
»Aber es ist erst Viertel nach sieben, der Tanz hat doch noch gar nicht angefangen ...«
Diesmal antwortete sie nicht, sondern streckte nur die Hand aus und tappte ungeduldig mit dem Fuß.
Ich spürte, daß mich langsam die Wut packte, zwang mich aber dazu, mit ruhiger Stimme zu sagen: »Na gut, wenn das die Vorschrift ist, werde ich sie nicht verletzen. Kann ich denn eine Tasse Kaffee zum Mitnehmen bekommen?«
»Nein. Die Tassen dürfen das Restaurant nicht verlassen.«
Ich sagte nichts, weil ich hoffte, daß schließlich doch ihre Neugier siegen und sie dazu bringen

würde, mich anzusehen; aber das Heft fesselte ihre gesamte Aufmerksamkeit. Da war nichts zu machen. Ziemlich frustriert trat ich den Rückzug an. Doch auf dem Weg in mein Zimmer kam mir plötzlich eine Idee: Ich könnte doch meine blecherne Reisetasse aus meiner Tasche holen und sie einfach bitten, sie zu füllen. Auf diese Weise könnte ich meinen Kaffee mit ins Bett nehmen und ihn um so mehr genießen.

Als ich ins Zimmer kam, stellte ich fest, daß einer der anderen vier Männer, die das Zimmer mit Bill und mir teilten, zurückgekommen war. Seinem Akzent nach zu schließen, war er Afrikaner; er sah aus wie acht- oder neunundzwanzig und erzählte Bill gerade eine Geschichte. »Du kannst mir glauben«, sagte er, bog dabei, um seine Worte zu unterstreichen, den Kopf zurück und hob die Handflächen in unsere Richtung, »daß es sehr, sehr schwer ist. Ich glaube, du kannst dir das gar nicht vorstellen.«

Bill unterbrach ihn, um uns vorzustellen und mir zu erklären, daß der Afrikaner in Peking Medizin studierte. »Ich bin aus dem Sudan«, sagte der Mann. »Wenn man bei uns Medizin im Ausland studieren will, kommt der Name auf eine Liste, und wenn man an der Reihe ist, bekommt man ein Land zugewiesen. Kein Mensch will nach China, aber wenn man das Angebot ablehnt, gibt man sein Anrecht auf einen Studienplatz auf und muß womöglich Jahre auf eine zweite Chance warten. Also habe ich angenommen. Und oje, ich muß feststellen, daß es stimmt, was behauptet wird. Als Afrikaner in China zu leben, oje, das ist schrecklich.« Mit seinen bebenden Nasenflügeln, den wirkungsvollen Pausen und den genau bemessenen verzweifelten Seufzern war er ein meisterhafter Geschichtenerzähler.

»Warum denn das?« fragte Bill.

»Die Chinesen schauen auf uns Schwarze herab! Sie glauben, wir sind Tiere, keine Menschen! Ich habe jetzt sechs Jahre in China gelebt, mein ganzes Studium auf chinesisch gemacht, bei chinesischen Lehrern und unter chinesischen Mitstudenten. Aber oje, hat man mich in sechs Jahren auch nur einmal in ein chinesisches Haus gebeten? Hat man mich je zum Tee eingeladen? In einen Film? Erging es irgendeinem anderen Afrikaner besser? Ich kann dir sagen, wenn ein Afrikaner in China leben muß, hat er zwei Alternativen: Entweder er behält seinen Verstand, oder er verliert ihn. Um bei Verstand zu bleiben, darf er nicht denken. Wenn er denkt, oje, mein Freund, dann stirbt er. Sein Verstand stirbt.«

Wild entschlossen, mir jetzt mein Recht zu erkämpfen, kramte ich meine Blechtasse hervor, entschuldigte mich und ging festen Schrittes in das Café.

»Ich habe meine eigene Tasse mitgebracht«, sagte ich schneidig. »Ich hätte jetzt bitte gerne eine Tasse Kaffee.«

Zu meiner Überraschung riß mir das Mädchen die

Tasse aus der Hand und marschierte wortlos in die Küche. Es vergingen volle zehn Minuten, in denen ich mehr als genug Zeit hatte, mir darüber klarzuwerden, daß ich völlig auf ihre Gnade angewiesen war. Endlich kam sie aus der Küche stolziert, knallte die Tasse mit Kaffee auf den Tresen, schlug ihr Heftchen auf und verlangte fünf Dollar.

»Fünf Dollar? Aber auf der Karte hier steht, daß eine Tasse Kaffee einen Dollar kostet!«

»Deine Tasse hat Übergröße«, zischte sie.

»Sind da vielleicht fünf Tassen Kaffee drin?«

»Komm schon, mach schnell! Ich habe zu tun!«

Ich sah bereits rot, als mir ein letzter Winkelzug einfiel. »Ich habe nicht um fünf Tassen Kaffee gebeten, Miss. Ich habe eine verlangt.« Damit legte ich einen Dollar auf den Tresen.

Sie nahm meine Blechtasse, ging an ein Fenster und goß fast den ganzen Kaffee aus. Dann stellte sie die Tasse vor mich auf den Tresen, schlug ihr Heftchen auf und las weiter.

Als ich in unser Zimmer zurückging, flaute meine Wut allmählich ab, und bei dem Gedanken an den Spaß, den es machen würde, Bill und dem Afrikaner diese Geschichte zu erzählen, mußte ich sogar lächeln. Der Afrikaner war jedoch bereits zum Abendessen gegangen. Bill lag auf dem Bett, ein zugeklapptes Buch auf der Brust und in einer Hand seine Brille. »Weißt du was?« sagte er. »Das Gespräch mit dem Mann aus dem Sudan hat mich an etwas erinnert.« Ich setzte mich mit dem Rücken zur Wand auf den Boden, trank meinen Kaffee und fragte ihn, woran es ihn denn erinnert hätte.

»Es war in Afrika, ich war als Lehrer beim Friedenscorps. Während irgendwelcher Ferien beschloß ich umherzureisen. Ich mußte zehn Stunden hinten auf einem Lastwagen mitfahren, um zur Grenze zu kommen – ich weiß nicht einmal mehr, welches Land es war; aber ich weiß noch, daß der Lastwagen auf einer unbefestigten Straße durch eine Wüste fuhr. In meinem ganzen Leben war ich noch nie so nahe daran, verrückt zu werden. Ich glaubte, ich würde umkommen vor Hitze, Staub, Lärm und Durst. Endlich waren wir an der Grenze. Ich fiel völlig erschöpft vom Lastwagen und stand dann zwei Stunden lang in einer kleinen Bretterbude mitten in der Wüste um ein Visum an. Und als ich an die Reihe kam, sagte der Mann: ›Tut mir leid, für heute ist geschlossen.‹ Dem Heulen nahe, verließ ich den Schuppen. Der Lastwagen, der mich mitgenommen hatte, war bereits weg. In der Nähe parkte ein anderer Lastwagen, also ging ich hinüber und hockte mich davor, um wenigstens aus der Sonne zu sein. Dazu muß ich noch etwas sagen: In einigen Gegenden Afrikas schreiben die Lastwagenbesitzer oft etwas auf die Kühlerhauben. Meistens ist es etwas Religiöses, wie ›Jesus sei uns gnädig‹ oder so, weil eine Panne in der Wüste leicht auch tödlich ausgehen kann. Dieser Lastwagen jedenfalls sah aus, als würde er jeden Augenblick auseinanderfallen. Ich lehnte mich dagegen, und als ich nach oben blickte, sah ich ein paar Geier über mir kreisen, als warteten sie ab, was ich tun würde. Meine Augen wanderten von den Geiern zur Kühlerhaube neben meinem Kopf. Da stand in weißen Buchstaben: ES IST NICHT SCHÖN, MEIN FREUND.«

Professor Jin

Es war ein besonderer Tag für den Englischen Medizinerkurs von 1983, denn die Studenten mußten ihre ersten »gemischten« Szenen spielen. Jan und ich hatten es als ziemliches Handicap empfunden, daß diese Medizinstudenten ihre Scheu, mit Angehörigen des anderen Geschlechts zu reden, noch nicht überwunden hatten. Also hatten wir Gruppen zusammengestellt, die aus Mädchen und Jungen bestanden, und ihnen gesagt, sie müßten ihre Szenen am Montag morgen vorspielen. Als es soweit war, wollte natürlich niemand freiwillig anfangen. Ich zeigte auf Duncan und forderte ihn auf, mit seinen Mitspielern nach vorne zu kommen. Nachdem er ausgiebig protestiert hatte, stand er schließlich auf und verließ den Raum. Dann standen Alison und Heidi auf und gingen nach vorn.

ALISON: »Wir spielen Tischtennis.«

Sie bewegten sich, als würden sie Tischtennis spielen. Plötzlich kam Duncan zur Tür herein, ging auf sie zu, zögerte, öffnete den Mund, drehte sich um und drehte sich zur Tafel.

DUNCAN: »Verzeihung, Mädchen, darf ich euch anmachen?«

ICH: »Duncan, du meinst ›bei euch mitmachen‹.«
Duncan, verlegen, weil er einen Fehler gemacht hatte, lief puterrot an.
ICH: »Macht nur weiter.«
Verärgert legten die zwei Mädchen ihre gedachten Schläger weg.
HEIDI: »Nein! Spiel doch mit dir selbst!«
ICH: »Es muß heißen, ›Spiele allein‹. Man spielt *mit* anderen, aber man spielt allein.«
HEIDI: »Spiel doch allein.«
Sobald die Szene beendet war, rannten alle drei auf ihre Plätze und mußten sich von ihren Nachbarn aufziehen lassen. Während ich mit mir kämpfte, ob ich es riskieren sollte, mir die nächste Szene anzuhören, ging die Tür auf, und herein kam eine mir unbekannte Frau in Begleitung von Lehrerin Wu, übergab mir einen Briefumschlag und ging wortlos wieder hinaus. Ich öffnete den Umschlag und zog eine elegant auf chinesisch gedruckte und mit mehreren roten Siegeln verzierte Einladung heraus. Sie war in klassischem Chinesisch verfaßt, zu schwer, um sie auf Anhieb zu entziffern; also steckte ich sie in die Tasche, gab mir einen Ruck und rief die nächste Gruppe auf.
Später in meinem Zimmer holte ich die Karte heraus und betrachtete sie nochmals. Da stellte ich fest, daß sie nicht gedruckt, sondern mit einem hauchdünnen Pinsel gestochen scharf geschrieben war. Wer immer sie geschrieben hatte, mußte Stunden darauf verwendet haben.

»An Mr. Sima Ming«, lautete die Anrede.

»Ich grüße dich. Ich bin ein pensionierter Professor, der Kalligraphie liebt und ausübt. Ich bin ein schlechter Kalligraph, aber die Zukunft der Kalligraphie liegt mir trotzdem am Herzen. Ich habe kürzlich gehört, daß sich ein junger Amerikaner an der Medizinischen Hochschule von Hunan für Kalligraphie interessiert und sich sogar die Mühe gemacht hat, sie selbst zu erlernen, um sie besser zu verstehen. Als ich das hörte, war ich tief bewegt und hoffte, dich kennenzulernen, bevor du in dein Land zurückkehren würdest.«

Das Schreiben schloß mit einer Einladung, ihn zu besuchen, und war unterschrieben mit »Jin Wenzhi«.

Am selben Tag schrieb ich zurück, dankte Professor Jin für seinen Brief und fragte, wann ich ihn besuchen dürfe. Drei Tage später erhielt ich seine Antwort und eine Einladung zum Tee für den folgenden Samstagnachmittag nach der *hsiu-hsi.*

Auf seine Bitte hin brachte ich ein paar Blätter mit meinen jüngsten kalligraphischen Übungen mit, dazu die Vorlagen, die ich verwendet hatte. Die Frau, die den ersten Brief überbracht hatte, öffnete die Tür.

»Ich bin Luo Binfu, Professor Jins Frau«, sagte sie. »Bitte komm herein. Er steht gerade von seiner *hsiu-hsi* auf, es wird also noch ein paar Minuten dauern. Wie wäre es inzwischen mit einer Tasse Tee?«

Ich trank allein eine Tasse Tee in dem kleinen Wohnzimmer, in dem überall an den Wänden riesige, ungerahmte Kalligraphien hingen, die sich teils überlappten und alle leicht im Lufthauch eines elektrischen Öfchens schaukelten. Ein paar Minuten später kam seine Frau zurück und bat mich in das angrenzende Zimmer. Da saß auf Kissen gebettet, in einem Bett, das mit Kalligraphie-Handbüchern, Reispapier und Pinseln übersät war, Professor Jin. Sein Gesicht war bleich und aufgedunsen, und auf Hals und Wangen hatte er rote Flecken.
Er streckte mir eine geschwollene, steife Hand entgegen. »Es tut mir leid, daß ich nicht herauskommen konnte, um dich zu begrüßen«, sagte er. Seine Frau erklärte, er litte an chronischen Fieberanfällen, Kopfweh und Ödemen, verursacht durch eine Erkrankung von Herz und Leber. »Aber wie du siehst«, unterbrach Jin sie und zeigte auf die frischen Kalligraphien auf seinem Bett, »hält mich das nicht vom Schreiben ab.« Aus mehreren Büchern, die vor ihm lagen, griff er nach einigem Hin und Her einen alten, abgewetzten und mit Tusche bekleckten Band heraus. »Wenn man die Vorlagen eines bestimmten Meisters kopiert«, sagte er, »wird man von seiner Persönlichkeit beeinflußt. Das ist die Vorlage, die ich benutze. Siehst du, wie kräftig, kontrolliert und sauber seine Pinselstriche sind? Er war ein strenger Meister in der Song-Dynastie. Seine Art zu schreiben gibt mir Kraft.«
Als er meine Kalligraphie-Proben durchsah, rea-

gierte er ungewöhnlich darauf. Normalerweise machten mir die Chinesen, wenn ich meine kalligraphischen Versuche vorzeigte oder *wu-shu* ausübte, Komplimente über die Besonderheit meiner Leistung – »Stellt euch vor! Ein Ausländer, der chinesische Schriftzeichen beherrscht! Das ist allerhand!« Komplimente wie diese hingen mir nach einiger Zeit zum Hals heraus und erinnerten mich häufig an eine Bemerkung, die ich einmal nach einem Auftritt des Cellisten Yo-yo Ma aufgeschnappt hatte: »Ist es nicht erstaunlich, daß er westliche Musik so natürlich spielt?«

Professor Jin sah meine Arbeiten durch, verglich sie mit den Vorlagen, die ich benutzte, ergriff dann einen Rotstift und begann, Korrekturen anzubringen. »Gar nicht schlecht«, meinte er. »Das einzige größere Problem liegt hier, wo du den Pinselstrich nicht entschieden beendest. Deine Striche fangen gut an – schau her, genau hier –, aber gegen Ende werden sie lasch.« Er zog seinen Tuschestein und eine Schale mit Pinseln zu sich heran und zeigte mir, wie sich die Striche verbessern ließen. Obwohl er seine Finger kaum bewegen konnte, weil sie vor Arthritis ganz steif waren, führte er den Pinsel außerordentlich flüssig. In regelmäßigen Abständen machte er eine Pause, um sich auszuruhen, wischte sich den Schweiß von Stirn und Hals und schloß die Augen, um sich vom Schwindelgefühl zu erholen. Nach einer dreiviertel Stunde erinnerte seine Frau ihn daran, daß er wieder ein kurzes

Schläfchen machen sollte, und so sammelte ich meine Zeichenutensilien ein und bedankte mich bei ihm.

»Es war mir ein Vergnügen«, sagte er, »und du kannst gerne herkommen, so oft du magst.«

»Ich möchte dir keine Umstände bereiten.«

»Bitte! Komm doch einfach jede Woche um diese Zeit, am Samstagnachmittag, ja?«

»Nun ...«

»Also abgemacht! Ich sehe dich nächste Woche. Warte, ich werde aufstehen, ich möchte dich wenigstens bis zur Tür begleiten. Ich war ein schrecklich schlechter Gastgeber.«

Seine Frau meinte, er solle im Bett bleiben und ganz unbesorgt sein, sie werde mich hinausbegleiten. Als wir draußen waren, dankte sie mir für meinen Besuch. »Er hat sich schon die ganze Woche darauf gefreut. Er war richtig aufgeregt.«

Am nächsten Samstag erteilte mir Professor Jin nicht nur Unterricht, sondern beschenkte mich auch noch mit mehreren Kalligraphie-Büchern und -Zeitschriften. Er versprach, mich mit einem Gelehrten bekannt zu machen, der sich mit Orakelknochen-Schrift auskannte, der frühesten bekannten Form chinesischer Schrift; dieser Gelehrte würde mir die chinesischen Schriftzeichen aus historischer Sicht erklären können. Am Donnerstag der folgenden Woche erhielt ich jedoch einen Brief von seiner Frau.

»Lieber Mr. Sima Ming,

es tut mir leid, Dir mitzuteilen, daß Professor Jin krank geworden ist und nicht mehr zu Hause wohnen kann. Er bedauert es sehr, daß er Dich vorläufig nicht unterrichten kann, und er hofft, daß Du Dich nicht entmutigen läßt. Deine Besuche haben ihm große Freude bereitet.

Ich wünsche Dir Gesundheit,
Luo Binfu.«

Einem meiner Studenten, Dr. Xiao, gelang es herauszufinden, in welches Krankenhaus Jin eingeliefert worden war.
»Kann ich ihn dort besuchen?« fragte ich.
Dr. Xiao sah mich verständnislos an. »Aber Lehrer Mark, er liegt im Koma. Was hätte es für einen Sinn, ihn zu besuchen?«

Eine Ratte

Eine
Nachtfahrt

Die langen
Schwerter

Eine Ratte

»Wir wollen im Lexikon nachschlagen«, sagte ich zu den Studenten, die mich aufgesucht hatten, um mich nach der Bedeutung eines rätselhaften Wortes zu fragen. Kaum hatte ich mein Exemplar des *American College Dictionary* aufgeschlagen, als eines der Mädchen laut aufkreischte. Ich blickte hoch und stellte fest, daß alle mit weit aufgerissenen Augen auf meinen Schreibtisch starrten. Eine Ratte war auf die Tischplatte gesprungen und flitzte hin und her, vermutlich um eine Möglichkeit zu finden, wieder herunterzugelangen. Ich hatte lediglich die Absicht gehabt, Spaß zu machen, aber ein unglücklicher Zufall wollte es, daß die Ratte geradewegs unter das Lexikon sauste und dort den Tod fand. Die Studenten lachten und klatschten dieser phantastischen Demonstration von »echtem *gong fu*«, wie sie sagten, Beifall. Auf der Stelle verpaßten sie mir den Spitznamen *ta-shu hao-han* – Rattenbezwinger –, eine Verballhornung von *ta-hu hao-han* – Tigerbezwinger –, dem Beinamen eines legendären Kriegers. Angeregt und in aller Ausführlichkeit unterhielten sie sich darüber, was genau passiert sei, wie es ausgesehen und sich angehört hatte, damit die Geschichte, wenn sie sie ihren Freunden erzählten, auch ja einheitlich berichtet würde. Trotzdem mußte irgendwann etwas mit dem kleinen Kadaver geschehen. Ich schlug vor, ihn als warnendes Beispiel für andere Nager auf meinem Schreibtisch liegenzulassen, aber die Studenten hatten eine bessere Idee: »Es gibt eine Belohnung für das Töten von Ratten, Lehrer Mark! Bring sie zur Rattensammelstelle, dann bekommst du einen *mao* (etwa sechs Pfennige) dafür.« Und so marschierte die ganze Horde über das Universitätsgelände, allen voraus ich mit der Ratte, die ich am Schwanz hielt, und meine Studenten hinterher mit Pappschildern, auf denen die Verbrechen der Ratte aufgeführt waren.

Bis wir die Rattensammelstelle erreichten, hatte sich uns eine ziemliche Menschenmenge angeschlossen. Ich erklärte dem zuständigen Genossen, wo und wie ich die Ratte erlegt hatte, legte sie auf den Tisch und verlangte meine Belohnung. Er und sein Kollege lachten beide aus vollem Hals, als sie hörten, unter welchen Umständen die Ratte ihr Leben gelassen hatte, doch als der zuständige Genosse an seinen Schreibtisch ging, um einen *mao* herauszuholen, nahm ihn sein Kollege beiseite und redete auf ihn ein. Dann nahm der zuständige Genosse ein paar meiner Studenten beiseite und redete ein paar Minuten lang auf sie ein. Schließlich hob er die Ratte auf, knüpfte ein Stück Schnur an ihren Schwanz und wandte sich an mich: »Es tut mir leid, dir sagen zu müssen, daß wir dir nichts bezahlen können. Die Vorschrift besagt, daß die Belohnung nur an Studenten ausgezahlt wird, die Ratten in den Studentenheimen töten. Aber hier«, sagte er, reichte mir die Schnur und lächelte: »Nimm sie doch mit nach draußen und spiel damit. Wenn du fertig bist, kannst du sie ja wegwerfen.«

Ich dankte ihm und ging. Draußen fragte ich, ob irgend jemand eine Ahnung habe, was man mit der Ratte spielen könne, aber da keinem etwas einfiel, warf ich sie weg. Auf dem Rückweg in die Abteilung Fremdsprachen fragte mich ein Student kichernd, ob ich wissen wolle, warum mir der Genosse die Belohnung nicht ausgezahlt habe.

»Natürlich. Warum denn?«

»Weil ihn sein Kollege darauf aufmerksam gemacht hat, daß die offizielle Stellungnahme zum Thema Ratten besagt, daß sie ausgerottet sind. Nur interne Papiere, die kein Ausländer zu Gesicht bekommt, beschäftigen sich mit dem Rattenproblem. Daß du die Ratte getötet hast, nun ja, daran läßt sich nichts ändern. Aber wenn sie dir die Belohnung geben, dann bestätigt ein Verwalter von Staatsgeldern einem in China lebenden Ausländer damit ganz offiziell, daß es hier Ratten gibt. Dafür hätte man ihn möglicherweise verwarnt.«

Ich konnte es mir nicht verkneifen, den Studenten zu fragen, ob er das nicht ein bißchen albern fände.

»Ja, natürlich ist es sehr albern. Aber die Genossen in dieser Dienststelle würden, wie jeder andere, lieber etwas Albernes tun als etwas Dummes.«

Eine Nachtfahrt

»Lehrer Mark, darf ich dich stören?«

»Was kann ich für dich tun?«

»Ich habe eine Verwandte, die Cousine meiner Frau. Sie ist Ärztin, kommt aus Harbin und nimmt an einem mehrtägigen Kongreß in Changsha teil. Sie spricht sehr gut Englisch und ist sehr daran interessiert dazuzulernen. Dürfte ich sie zum Aufpolieren ihrer Sprachkenntnisse zu dir bringen? Nur ein- oder zweimal, das wäre mehr als genug.«

Wegen der überwältigenden Anzahl von Verwandten und Freunden meiner Studenten, ganz zu schweigen von vollkommen fremden Leuten, die sehr daran interessiert waren, Englisch zu lernen, mußte ich mit meiner Zeit haushalten. Ich erklärte das meinem Studenten und sagte, es täte mir leid, aber ich könne ihm nicht helfen.

»Oje, das ist schlimm«, sagte er, ließ den Kopf hängen und lächelte einfältig.

»Warum denn?« fragte ich.

»Weil ... weil ich ihr bereits gesagt habe, daß du es tun würdest.«

Ich machte keinen Hehl aus meinem Unmut, aber je

mehr ich die Stirn runzelte, um so breiter lächelte er, so daß ich mich zuletzt breitschlagen ließ, mich einmal mit ihr zu treffen. Der Student, sichtlich erleichtert, sagte, er wolle mir kurz etwas über die Frau erzählen, bevor sie zu mir kam.

»Sie heißt Little Mi. Sie ist sehr klug und willensstark. In der Schule war sie immer die Klassenbeste und sogar Vorsitzende der Kommunistischen Jugendliga. Während der Kulturrevolution meldete sie sich freiwillig aufs Land. Dort ist sie fast verhungert. Endlich bekam sie die Chance, Medizin zu studieren. Sie war die Tüchtigste in ihrem Semester, und sie hat ein ausgezeichnetes Examen in Englisch gemacht.«

Das alles hörte sich gräßlich langweilig an. Ich räusperte mich in der Hoffnung, daß mein Student einfach eine Zeit ausmachen und mich dann in Ruhe lassen würde, aber er fuhr fort: »Ihr Spezialgebiet war die Pädiatrie. Sie wollte mit Kindern arbeiten. Als es nach dem Examen jedoch an die Zuweisung eines Arbeitsplatzes ging, setzten einige Leute das Gerücht in die Welt, sie und einige der anderen Englisch sprechenden Studenten würden in ihrer Freizeit westliche Literatur lesen, anstatt für ihr Medizinstudium zu arbeiten. Man warf ihnen *fang-yang-p'i* (Westler imitieren, wörtlich ›Fremde Fürze fahren lassen‹) vor. Deshalb kam sie auch nicht in ein gutes Krankenhaus, sondern landete in einer kleinen Klinik für Familienplanung vor der Stadt. Dort assistierte sie hauptsächlich bei

Abtreibungen. So hat sie sich die Arbeit mit Kindern sicher nicht vorgestellt. Aber das Traurigste an der Sache ist, daß sie Leukämie hat. Sie hat ihr ganzes Leben lang bitter gegessen, das kannst du mir glauben. Ich bin sicher, daß es sie aufheitern wird, sich mit dir zu unterhalten. Du tust damit wirklich ein gutes Werk. Wann darf ich sie bringen?«

Ich sagte, er könnte mit ihr am Abend auf eine Stunde in mein Arbeitszimmer in der Abteilung Fremdsprachen kommen. Er dankte mir überschwenglich und verschwand.

Zur festgesetzten Zeit klopfte es. Ich machte mich auf eine Stunde mit Grammatikfragen gefaßt und öffnete die Tür. Da stand Little Mi, ein purpurfarbenes Tuch um den Kopf geschlungen wie eine russische Bäuerin; sie konnte kaum älter sein als ich. Sie war zierlich, ernst und schön. Sie sah mich an, ohne zu blinzeln.

»Bist du Lehrer Mark?« fragte sie mit ruhiger, tiefer Stimme.

»Ja. Bitte komm herein.« Sie kam herein, setzte sich und sagte in fließendem Englisch: »Der Mann meiner Cousine läßt sich entschuldigen, daß er nicht mitkommen konnte. Sein Vorgesetzter hat ihn zu sich gerufen. Stört es dich, daß ich allein gekommen bin?«

»Nein, überhaupt nicht. Was kann ich für dich tun?«

»Nun«, sagte sie und ließ ihren Blick über das

Bücherregal wandern, »ich lese sehr gerne, aber es ist schwierig, gute Bücher auf englisch zu finden. Würdest du vielleicht so nett sein, mir ein oder zwei Bücher zu leihen? Ich schicke sie dann aus Harbin zurück, sobald ich sie gelesen habe.«

Ich sagte, sie solle sich aussuchen, was sie wolle. Während sie die Bücher durchging, sprach sie über die ausländischen Romane, die ihr am besten gefallen hatten; dazu gehörten *Von Mäusen und Menschen*, *Verdammt in alle Ewigkeit* und *Der Archipel Gulag*.

»Wie bist du denn an *Archipel Gulag* gekommen?« wollte ich wissen.

»Es war nicht einfach«, entgegnete sie. »Ich habe gehört, daß die Amerikaner schockiert sind über das, was da drinsteht. Stimmt das?«

»Ja, ich denke schon. Warst du denn nicht schokkiert?«

»Eigentlich nicht«, sagte sie leise.

»Du bist hart im Nehmen, habe ich recht?«

Überrascht blickte sie von der Zeitschrift auf, die sie durchgeblättert hatte, dann lächelte sie plötzlich und wurde rot.

»Glaubst du wirklich?«

»Du wirkst jedenfalls so.«

Sie legte die Hand vor den Mund und kicherte nervös. »Wie schrecklich! Das stimmt ganz und gar nicht!«

Wir unterhielten uns über eine Stunde, und sie suchte sich fünf Bücher zum Mitnehmen aus. Als sie sich zum Gehen anschickte, fragte ich sie, wann sie nach Harbin zurückkehren würde. »Übermorgen.« Wider besseres Wissen forderte ich sie auf, am folgenden Abend wieder herzukommen. Sie sah mich fest an, sagte: »Danke, das werde ich«, und schlüpfte hinaus auf den unbeleuchteten Gang. Ich horchte auf ihre Schritte, als sie die Treppe hinunter und aus dem verlassenen Gebäude ging; dann blickte ich aus dem Fenster der verschwommenen Gestalt nach, die im Mondlicht den Sportplatz überquerte.

Am folgenden Abend kam sie pünktlich zur selben Zeit. Ich hatte von zu Hause ein paar schöne Bildbände über die Vereinigten Staaten mitgebracht, außerdem ein paar Sammlungen mit Kurzgeschichten, von denen ich annahm, sie könnten ihr gefallen. Sie bewunderte die herrlichen Farbphotos in den Bildbänden, vor allem die von New England im Herbst.

»Wie herrlich«, sagte sie immer wieder. »Wie ein Traum.«

Da ich sie nicht ungeniert anstarren konnte, begnügte ich mich damit, ihre Hand beim Umblättern der Seiten zu betrachten, ihrer Stimme zu lauschen und ihr gelegentlich ins Gesicht zu schauen, wenn sie mich etwas fragte.

Wir redeten und redeten, doch dann schien ihr plötzlich etwas einzufallen, denn sie schaute auf die Uhr. »Oh...«, sagte sie erschrocken und sah plötzlich besorgt aus.

»Was ist denn?«

»Schau nur, wie spät es ist!« Es war nach zehn – fast zwei Stunden waren vergangen. »Jetzt habe ich den letzten Bus verpaßt!«

Sie wohnte in einer Klinik am anderen Flußufer, eine dreiviertel Stunde mit dem Bus und mindestens zwei Stunden zu Fuß. Es war eine bitterkalte Nacht; selbst wenn sie den Weg zu Fuß geschafft hätte, wäre sie erst nach Mitternacht angekommen und hätte erheblichen Argwohn erregt. Jetzt gab es nur noch die Möglichkeit, sie hinten auf ein Fahrrad zu setzen und sie heimzufahren. Das würde nicht weiter auffallen, da sich die meisten chinesischen Familien in der Stadt auf diese Art und Weise fortbewegen. Ich hatte schon oft fünfköpfige Familien auf einem Fahrrad gesehen, und auch junge Pärchen fahren so durch die Gegend, weil es abends nichts anderes zu tun gibt. Die Frau sitzt meistens seitlich auf dem Gepäckträger über dem Hinterrad, legt die Arme um die Hüften des Mannes und lehnt sich mit Schulter und Gesicht an seinen Rücken. Allerdings würde eine chinesische Frau, die so auf einem von einem hellhäutigen Ausländer fortbewegten Fahrrad fuhr, mit Sicherheit Aufmerksamkeit erregen. Ich zog meinen dick wattierten Rote-Armee-Mantel an, stopfte die Haare unter eine Mao-Mütze und setzte eine chinesische Sonnenbrille auf, so ein Ding, wie die *liu-mang*, die jungen Punks, es tragen. Um meine Nase vor Blicken zu schützen, trug ich eine OP-Maske; das tun viele

Chinesen, um ihre Lungen vor Staub zu schützen. Little Mi schlang ihr Tuch eng um den Kopf und verließ das Gebäude als erste. Fünf Minuten später folgte ich, raste auf dem Fahrrad durch das Tor des Hochschulgeländes und sah sie ein paar Blocks weiter die Straße entlanggehen, in eine Staubwolke gehüllt, die ein Kohlelaster aufgewirbelt hatte. Ich steuerte auf sie zu, und sie sprang auf, bevor ich anhielt.

Da die Straße belebt war, sprach keiner von uns ein Wort. Lastwagen, Busse und Jeeps rasten wie verrückt durch die Straßen, Fahrräder schlängelten sich an uns vorbei, und Fußgänger rannten vor uns über die Straße und verfluchten diese *liu-mang*, wenn wir allzu dicht an ihnen vorbeiwischten. Schließlich bog ich in die Straße ein, die am Fluß entlangführte; dort wurde es etwas ruhiger. Es war eine entsetzliche Straße voller Schlaglöcher, die ich nicht rechtzeitig genug erkennen konnte, um ihnen auszuweichen. Little Mi, zu schüchtern, um ihre Arme um meine Hüften zu legen, hatte bisher auf ihrem Gepäckträger tapfer das Gleichgewicht gehalten, doch als wir in eine besonders tiefe Rinne holperten, schrie sie leise auf und hielt sich an mir fest. Nachdem sie ihr Gleichgewicht wiedererlangt hatte, lockerte sie allmählich ihre Umklammerung, aber ich steuerte schnell das nächste Schlagloch an und sagte, sie solle sich nur festhalten. Ganz allmählich merkte ich, wie sie ihre Schulter an meinen Rücken lehnte. Als endlich auch ihr Gesicht meine

Jacke berührte, spürte ich durch sie hindurch ihre Wange so deutlich, als hätte sie sich an meinen nackten Rücken geschmiegt.

Als wir die Brücke erreichten, trat ich in die Pedale, denn es ging ziemlich lange bergauf. Etwa auf halbem Weg schlug Little Mi vor, ich solle anhalten, dann würden wir den Rest zu Fuß gehen und ich könnte etwas verschnaufen. Oben auf der Brücke blieben wir stehen, lehnten uns an das Geländer und blickten zurück auf die matten Lichter der Stadt. Außer uns gab es hier nur Laster und Jeeps, so daß wir getrost reden konnten, bevor wir weitergingen.

»Erinnert dich das an Amerika?« fragte sie und deutete mit dem Kinn auf die Lichter der Stadt.

»Ja, ein bißchen.«

»Fehlt dir dein Zuhause?«

»Sehr. Aber ich werde bald wieder dort sein. Und wenn ich zu Hause bin, wird mir Changsha fehlen.«

»Wirklich? Aber China ist doch so ... nein, sag du es mir! Wie ist China? Ich möchte aus deinem Mund hören, wie China ist.«

»Die Lichter hier sind matter.«

»Ja«, sagte sie leise, »und wir sind langweilige Menschen, findest du nicht?« Unter dem Tuch, das sie sich um das Gesicht gewickelt hatte, sah man nur die Augen, und die blickten mich ruhig an. Ich fragte sie, ob sie sich auch für langweilig hielt. Sie wandte den Blick nicht ab; neben ihren Augen erschienen Lachfältchen.

»Wenn du es genau wissen willst, ich bin nicht langweilig. Ich glaube, ich bin ein sehr interessantes Mädchen, findest du nicht?«

»Doch, finde ich schon.« Ihre Haut war blaß, aber über ihre Augenlider huschte ein rosa Schimmer.

»Wenn du nach Amerika zurückkehrst, wohnst du dann bei deinen Eltern?«

»Nein.«

»Und warum nicht?«

»Ich bin zu alt! Sie wären sicher nicht sehr begeistert, wenn ich bei ihnen herumhängen würde. Es käme ihnen seltsam vor, wenn ich nicht in einer eigenen Wohnung wohnen würde.«

»Wie herrlich! Ich wünschte, meine Eltern würden das auch so sehen. Ich werde ewig bei ihnen wohnen müssen.«

»Ewig?«

»Aber natürlich! Chinesische Eltern lieben ihre Kinder, aber sie sind auch der Ansicht, daß Kinder so etwas sind wie Möbelstücke. Man gehört ihnen, und man muß ihnen das Leben angenehm machen, bis sie beschließen, einen gehen zu lassen. Ich kann nicht heiraten, also werde ich mich ewig um sie kümmern müssen. Ich bin fast dreißig Jahre alt, aber ich muß tun, was sie sagen. So sitze ich eben in meinem Zimmer und träume. In meiner Phantasie bin ich frei und kann herrliche Dinge tun!«

»Was, zum Beispiel?«

Sie neigte den Kopf zur Seite und hob eine Augenbraue. »Erzählst du anderen Leuten deine Träume?«

»Manchmal schon.«
Sie lachte und schüttelte den Kopf. »Also ich werde dir meine Träume nicht erzählen.«
Wir schwiegen eine Zeitlang, dann fragte sie mich plötzlich, ob ich ein trauriger oder ein glücklicher Mensch sei.
»Das ist schwer zu sagen. Manchmal bin ich glücklich, manchmal traurig. Die meiste Zeit mache ich mir Sorgen.«
»Sorgen? Worüber denn?«
»Ich weiß es nicht – eigentlich über alles. Vor allem mache ich mir Sorgen, ich könnte Zeit vergeuden.«
»Wie sonderbar! Der Mann meiner Cousine behauptet, daß du sehr hart arbeitest.«
»Ich beschäftige mich gerne. Auf diese Weise habe ich keine Zeit, mir Sorgen zu machen.«
»Das kann ich nicht verstehen. Du bist so ein freier Mann – du kannst nach Belieben in der ganzen Welt herumreisen, dir überall Freunde suchen, und du siehst Dinge, die sich die meisten von uns nicht einmal vorstellen können. Du bist ein Dummkopf, wenn du nicht glücklich bist, vor allem, weil so viele Menschen davon abhängig sind.«
»Was meinst du damit?«
»Mein Cousin sagt, daß sie dir an der Hochschule den Spitznamen *huo-shen-hsian* – Unsterblicher in Menschengestalt – gegeben haben, weil du so ... so anders bist. Dein Unterricht bringt alle zum Lachen, und du machst andere Menschen ständig

glücklich. Das ist sehr ungewöhnlich. Du solltest immer so bleiben; denn damit machst du traurige Menschen glücklich. Ist das vielleicht nicht wichtig?«

Ich mußte zugeben, daß es wichtig war, andere Menschen glücklich zu machen; dann fragte ich sie, ob sie glücklich sei oder traurig. Wieder hob sie eine Augenbraue. Diesmal sah sie mich nicht direkt an. »Ich habe nicht so viele Gründe wie du, glücklich zu sein.« Sie blickte auf ihre Uhr und schüttelte den Kopf. »Ich muß nach Hause, wir müssen uns beeilen.« Als ich mich zum Fahrrad umdrehte, kam sie ganz nahe heran, so daß ihr Gesicht meines fast berührte, blickte mir geradewegs in die Augen und sagte: »Ich habe eine Idee.«

Ich spürte ihren Atem an meinem Hals. Ich fragte sie, was es denn sei. »Laß uns die Brücke hinunterrasen – ganz schnell! Ohne Bremsen!«

Ich setzte mich aufs Rad. »Steigst du auf?« fragte ich sie.

»Einen Augenblick noch. Ich werde unten absteigen, also verabschiede ich mich jetzt von dir.«

»Ich sollte dich wenigstens bis zum Eingang des Krankenhauses bringen.«

»Nein, das wäre keine gute Idee. Jemand könnte mich sehen und fragen, wer du bist. Ich werde unten an der Brücke abspringen, und du kehrst um. Ich werde dich nicht wiedersehen. Danke für alles. Es hat Spaß gemacht, dich kennenzulernen. Nur solltest du aufhören, dir Sorgen zu machen.« Sie sprang auf, drückte ihr Gesicht gegen meinen Rükken, umklammerte mich wie ein Schraubstock und sagte: »Und jetzt los! So schnell du kannst!«

Die langen Schwerter

Der Umgang mit dem Langschwert erwies sich als schwieriger als alles andere, was Pan mir an *wu-shu* beigebracht hatte. Am Morgen, nachdem er sich dazu bereit erklärt hatte, kam Pan sehr früh mit zwei Besenstielen an, führte mich aufs Dach des Badehauses und begann wortlos mit dem Training. In der Vergangenheit hatte er mir immer Geschichten erzählt und mich zum Spaß imitiert, um seine Kritikpunkte zu verdeutlichen und dafür zu sorgen, daß ich mich entspannte. Jetzt sprach er kaum, gab sich keinerlei Mühe, komisch zu sein, sondern bestand darauf, daß ich hart exerzierte, bis er mir die nächste Bewegung beibrachte.

Mein letzter Monat in China war mit allen möglichen Aktivitäten ausgefüllt. Ich mußte meine Kurse abschließen, meine Siebensachen für die Rückreise in die Staaten zusammenpacken, an Abschiedstreffen und Banketten teilnehmen und mich allmählich von meinen Freunden, Studenten, Kollegen und Lehrern verabschieden. Trotzdem übte ich soviel wie möglich mit meinem Besenstiel, ohne je zu wissen, wann Pan das nächste Mal auftauchen

würde, und stets mit der Frage im Hinterkopf, was geschehen würde, wenn ich ihn »traurig machte«. Zwei Wochen vor meiner Abreise ließ er sich plötzlich nicht mehr blicken.
Ich versuchte verzweifelt, ihm eine Nachricht zukommen zu lassen, um ihn wenigstens noch einmal zu sehen, bevor ich abreiste, aber niemand konnte ihn erreichen. Es hieß, er halte sich in Nordchina auf, aber warum und für wie lange, wußte niemand. Am Abend vor meiner Abreise packte ich die Tasche, die ich mir für meine Schwerter und die anderen Waffen hatte anfertigen lassen. Ich weiß noch, daß ich gerade überlegte, ob ich meinen Besenstiel zu den Schwertern packen sollte oder nicht, als ich plötzlich heftig erschrak. Knapp einen Meter hinter mir stand Pan mit einem aufgerollten Teppich unter dem Arm. Er lächelte und forderte mich auf, ihm zu folgen. Wir würden unsere Arbeit heute abend beschließen, sagte er, ganz gleich, wie lange es dauerte. Ich griff nach meinem Besenstiel, aber er schüttelte den Kopf. »Den wirst du nicht mehr brauchen«, flüsterte er; dann gingen wir hinaus. Wir machten uns auf den Weg zum Badehaus. Als wir dort ankamen, legte Pan den Teppich nieder und warf einen Blick auf die nächtliche Szenerie.
»Du fährst morgen, nicht wahr?«
»Ja.«
»Du wirst mir fehlen.«
Einen Augenblick stand ich ganz benommen da. »Du wirst mir auch fehlen.«

Ein vorbeifahrender Kohlezug pfiff, und Pan lächelte. »Ich fahre morgen ebenfalls. Bis du in Amerika bist, werde auch ich zu Hause sein. Wir fahren beide nach Hause.« Er erzählte, daß nach Jahren des Wartens sein Antrag auf Rückversetzung nach Nordchina endlich genehmigt worden sei. Dann schwieg er ein paar Minuten, ließ die Aussicht auf sich wirken und sagte dann auf englisch: »Fangen wir an.«

Er entrollte den Teppich und brachte zwei lange Schwerter zum Vorschein. Er reichte mir eines, und dann gingen wir an die Arbeit. Ich fühlte mich leicht wie eine Feder und hatte jegliches Zeitgefühl verloren. Wir waren beide schweißgebadet, und er lachte und erzählte die ganze Zeit Geschichten. Schließlich führten wir eine Form gemeinsam aus, und dann forderte er mich auf, sie allein auszuführen.

»Das ist das Ende deiner Ausbildung. Die letzte Bewegung dieser Form wird deine eigene sein, und danach wirst du, was *wu-shu* angeht, allein weitermachen.«

In diesem Augenblick war alles großartig – die Nacht, die Hitze, das Schwert, Pan und ich –, wir waren alle großartig. Ich schwebte durch die Form, und als sie beendet war, glaubte ich, noch nie ein solches Hochgefühl verspürt zu haben. Pan nickte, legte sein Schwert wieder auf den Teppich und wickelte es darin ein. Dann stellte er sich aufrecht vor mich hin und sah mir direkt in die Augen, und plötzlich war ich wieder im Trainingsraum und nahm die absolut aufmerksame Ausgangsstellung unserer ersten Stunde ein. Ich wartete, wartete auf den kritischen Augenblick unseres Duells. Doch da sagte Pan ganz langsam: »Ich habe heute abend zwei Schwerter mitgebracht. Ich nehme nur eines wieder mit.«

Die als Schmuckelemente für die Zwischenkapitel verwendeten Kalligraphien stammen von Marc Salzman.